dtv

Die autobiographisch-philosophische Spätschrift ›Ecce homo‹ entstand in den Jahren 1888/89 und erschien posthum 1908. Sie ist die aufschlußreiche Selbstinterpretation Friedrich Nietzsches, bedeutsam vor allem auch durch den eingeschobenen Rückblick auf seine Werke. Der euphorische und apodiktische Ton des Textes erfordert jedoch besondere Kennerschaft, ein Vorwissen über die Person wie über die Werke gleichermaßen.
Dieses Buch bietet sich als Wegbegleiter für eine sinnvolle Lektüre an, bietet Schritt für Schritt das Rüstzeug, Nietzsches Autobiographie mit Vergnügen und Gewinn selbst zu lesen.
Die beiden Verfasser haben bereits die Lese-Einführung zu ›Zarathustra‹ (dtv 30124) vorgelegt.

Rüdiger Schmidt promovierte über Nietzsches Frühwerk und ist seit 1999 Leiter des Kollegs Friedrich Nietzsche in Weimar.
Cord Spreckelsen studierte Physik und Philosophie in Heidelberg. Seit 1996 arbeitet er an der RWTH Aachen. Er leitet dort die Abteilung Wissensbasierte Systeme am Institut für Medizinische Informatik.

Nietzsche für Anfänger

Ecce homo

Eine Lese-Einführung
von Rüdiger Schmidt und
Cord Spreckelsen

Deutscher Taschenbuch Verlag

Im Deutschen Taschenbuch Verlag sind bereits erschienen:

Nietzsche für Anfänger

Zarathustra (dtv 30124)
Die Geburt der Tragödie (dtv 30637)

Originalausgabe
Juli 2000
Deutscher Taschenbuch Verlag GmbH & Co. KG, München
www.dtv.de

Umschlagkonzept: Balk & Brumshagen
Umschlagbild: Ralph Bittner
Satz: K. Hülser, Konstanz
Druck und Bindung: C.H. Beck'sche Buchdruckerei, Nördlingen
Gedruckt auf säurefreiem, chlorfrei gebleichtem Papier
Printed in Germany · ISBN 3-423-30734-x

Inhaltsverzeichnis

»... ein sehr unglaubliches Stück Litteratur«

Masken und Bruchstücke

»[...] inzwischen hat sich ein sehr unglaubliches Stück Litteratur, das den Titel führt ›Ecce homo. Wie man wird, was man ist‹ – auch schon wieder mit Flügeln begabt und flattert, wenn mich nicht Alles täuscht, in der Richtung Leipzig... Dieser homo bin ich nämlich selbst, eingerechnet das ecce; der Versuch, über mich ein wenig Licht und Schrecken zu verbreiten scheint mir fast zu gut gelungen. Das letzte Capitel hat zum Beispiel die unerquickliche Überschrift: warum ich ein Schicksal bin.« (An Meta von Salis, 14.11.1888; KSB 8, 471)

Am 14. November 1888, knapp einen Monat, nachdem Nietzsche mit der Niederschrift von *Ecce homo* begonnen hat, ist dieses in mehrfacher Hinsicht »sehr unglaubliche Stück Litteratur« schon auf dem Weg zu seinem Leipziger Verleger Naumann.

»Unglaublich« und provokant sind auch die Kapitelüberschriften des *Ecce homo*: Ein Philosoph, der sich mit den Worten »Warum ich so weise bin« vorstellt und sich schließlich sogar mit der Erklärung »Warum ich ein Schicksal bin« empfiehlt: – wenn nicht »Schrecken«, so verbreitet eine solche Selbstdarstellung zumindest skeptisches Erstaunen.

Aber in dem zitierten Brief ist die Tonart schon wieder eine andere: leichthin, fast selbstironisch, berichtet Nietzsche, daß sein Buch »mit Flügeln begabt« nach Leipzig »flattert«. Und die Bewertung der Kapitelüberschrift als »unerquicklich« belegt, wie sehr er sich seiner Provokationen bewußt ist. Daß er dennoch sein Werk als »fast zu gut gelungen« bezeichnet, macht hellhörig: Vorsicht ist geboten angesichts seiner plakativen Sätze. Wie in seinen anderen Schriften wählt Nietzsche auch in *Ecce homo* seine Formulierungen sorgfältig und absichtsvoll. Wie schon oft vorher treibt er ein sprachlich brillantes Spiel mit seinen Lesern, etwas mehr als gewöhnlich allerdings treibt er auch Mutwillen mit uns.

Es ist ratsam, die Grobheiten mancher Formulierungen aus *Ecce homo* vor dem Hintergrund einer Textpassage zu lesen, die Nietzsche in *Jenseits von Gut und Böse* formuliert:

»Alles, was tief ist, liebt die Maske; die allertiefsten Dinge haben sogar einen Hass auf Bild und Gleichniss. Sollte nicht erst der Gegensatz die rechte Verkleidung sein, in der die Scham eines Gottes einhergienge? Eine fragwürdige Frage: es wäre wunderlich, wenn nicht irgend ein Mystiker schon dergleichen bei sich gewagt hätte. Es giebt Vorgänge so zarter Art, dass man gut thut, sie durch eine Grobheit zu verschütten und unkenntlich zu machen; es giebt Handlungen der Liebe und einer ausschweifenden Grossmuth, hinter denen nichts räthlicher ist, als einen Stock zu nehmen und den Augenzeugen durchzuprügeln: damit trübt man dessen Gedächtniss. Mancher versteht sich darauf, das eigne Gedächtniss zu trüben und zu misshandeln, um wenigstens an diesem einzigen Mitwisser seine Rache zu haben: – die Scham ist erfinderisch. Es sind nicht die schlimmsten Dinge, deren man sich am schlimmsten schämt: es ist nicht nur Arglist hinter einer Maske, – es giebt so viel Güte in der List. Ich könnte mir denken, dass ein Mensch, der etwas Kostbares und Verletzliches zu bergen hätte, grob und rund wie ein grünes altes schwerbeschlagenes Weinfass durch's Leben rollte: die Feinheit seiner Scham will es so. Einem Menschen, der Tiefe in der Scham hat, begegnen auch seine Schicksale und zarten Entscheidungen auf Wegen, zu denen Wenige je gelangen, und um deren Vorhandensein seine Nächsten und Vertrautesten nicht wissen dürfen: seine Lebensgefahr verbirgt sich ihren Augen und ebenso seine wieder eroberte Lebens-Sicherheit. Ein solcher Verborgener, der aus Instinkt das Reden zum Schweigen und Verschweigen braucht und unerschöpflich ist in der Ausflucht vor Mittheilung, will es und fördert es, dass eine Maske von ihm an seiner Statt in den Herzen und Köpfen seiner Freunde herum wandelt; und gesetzt, er will es nicht, so werden ihm eines Tages die Augen darüber aufgehn, dass es trotzdem dort eine Maske von ihm giebt, – und dass es gut so ist. Jeder tiefe Geist braucht eine Maske: mehr noch, um jeden tiefen Geist wächst fortwährend eine Maske, Dank der beständig falschen, nämlich flachen Auslegung jedes Wortes, jedes Schrittes, jedes Lebens-Zeichens, das er giebt. –« (KSA 5, 57f.)

»Ich könnte mir denken, dass ein Mensch, der etwas Kostbares und Verletzliches zu bergen hätte, grob und rund wie ein grünes altes schwerbeschlagenes Weinfass durch's Leben rollte [...]« – auch Nietzsches eigene Gedanken lassen sich als solche hochgradig verletzlichen Kostbarkeiten auffassen. Ihre Vielschichtigkeit und ihr Nuancenreichtum machen sie kostbar und gleichzeitig so verletzlich. Gerade radikale oder glanzvolle Formulierungen Nietzsches drohen – aus dem Kontext gerissen – zu Zerrbildern seines Denkens zu werden, das oft genug ein Balanceakt von Entgegensetzungen oder Widersprüchen ist.

Nietzsche spricht in dieser Textpassage zwei unterschiedliche Aspekte von Masken an: Masken, die als schützende oder schamhafte Verkleidung angelegt werden, und Masken, die »um jeden tiefen Geist« unvermeidlich entstehen.

Durch die gegensätzliche Attributierung »tiefer Geist« – »flache Auslegung« macht Nietzsche auf ein Interpretationsproblem aufmerksam: Individualität, besondere oder gar einzigartige Erfahrungen und Verhaltensweisen lassen sich kaum allgemein verständlich mitteilen. Das Besondere geht im Allgemeinen verloren. Für das Einzigartige gibt es kein Wort, das nicht auch noch anderes bezeichnen würde und das Einzigartige dadurch verfehlt. Aus einem durchschnittlichen Blickwinkel gesehen verflacht das Besondere.

Unwillkürlich und unvermeidlich legt sich daher ein allgemeines Mißverständnis als Maske besonders vor Menschen, deren Individualität stark und komplex ausgeprägt ist. Nietzsches Gedankengang stellt die Unvermeidbarkeit dieser Maske fest. Er läßt aber die Möglichkeit offen, diese Maske mitzugestalten, Korrekturen an dem allgemeinen und unvermeidlichen Mißverständnis vorzunehmen.

Ecce homo als Maske in mehrfacher Hinsicht: – zumindest die offensichtlichen Grobheiten dieser Schrift lesen sich unter diesem Vorbehalt vorsichtiger. Aber das Bild der Maske sollte nicht dazu verleiten, in Nietzsches Selbstdarstellung lediglich eine Verkleidung oder ein Mißverständnis zu sehen. Am 6. November 1888 schreibt er an seinen Verleger C. G. Naumann:

»So habe ich eine extrem schwere Aufgabe – nämlich mich selber, meine Ansichten, bruchstückweise, soweit es dazu erforderlich war, mein Leben zu erzählen – zwischen dem 15. Oktober und 4. November gelöst. Ich glaube das wird gehört werden, vielleicht zu sehr … Und dann wäre Alles in Ordnung.« (An Constantin Georg Naumann, 6. 11. 1888; KSB 8, 464)

Es sind Bruchstücke seines Lebens, seines Denkens und seiner Person, die Nietzsche zu seiner Selbstdarstellung arrangiert: ein zerbrochener Spiegel, in dem er doch sich selbst erkennt und sehen lassen will. »Man wird mich mit Einem Male zu sehn bekommen« (An Meta von Salis, 14. 11. 1888; KSB 8, 470). Gerade in den korrigierenden Überzeichnungen dieses Bildes, das nicht Portrait, aber auch nicht bloß Verkleidung ist, will sich Nietzsche zu Gesicht und zu Gehör bringen, »vielleicht zu sehr … Und dann wäre Alles in Ordnung«.

Letzte Worte

Ecce homo und die *Dionysos-Dithyramben* – eine Zusammenstellung von Gedichten in freien Rythmen – sind die letzten durch Nietzsche selbst zum Druck vorbereiteten Schriften. Am 4. Januar 1889 bricht er in Turin auf der Piazza Carlo Alberto zusammen. Abgesehen von den wenigen kurzen Anschreiben, die danach entstehen und als sogenannte Wahnsinnszettel bekannt werden, hört seine literarische Produktion vollständig auf.

Umstritten ist von Anfang an, wie *Ecce homo* einzuschätzen ist: als ernstzunehmender Text Nietzsches oder bereits als Ausdruck des nahenden geistigen Zusammenbruchs.

Eine Selbsteinschätzung wie die folgende scheint letzteres nahezulegen: »Die großen Individuen sind die ältesten: ich verstehe es nicht, aber Julius Cäsar könnte mein Vater sein – oder Alexander, dieser leibhaftige Dionysos ... [...]« (Ecce homo, KSA 6, 269). Dagegen steht aber eine für Nietzsche schon viel früher charakteristische Bereitschaft, vor extremen Gedanken und waghalsigen Formulierungen nicht zurückzuschrecken. Zum Vergleich mit der eben zitierten Passage aus *Ecce homo* eignet sich etwa der folgende Entwurf, den er 1881, also sieben Jahre vorher, notiert:

»Mein Stolz dagegen ist ›ich habe eine Herkunft‹ – deshalb brauche ich den Ruhm nicht. In dem, was Zarathustra, Moses, Muhamed Jesus Plato Brutus Spinoza Mirabeau bewegte, lebe ich auch schon, und in manchen Dingen kommt in mir erst reif an's Tageslicht, was embryonisch ein paar Jahrtausende brauchte.« (NF, KSA 9, 642)

Zumindest eines ist unbestritten: Die Drucklegung des *Ecce homo*, die Korrektur der Druckfahnen und teilweise Umgestaltung des Textes wird durch Nietzsche mit äußerster Sorgfalt vorangetrieben beziehungsweise von Turin aus überwacht. Mazzino Montinari, der vielleicht genaueste Leser Nietzsches, stellt hierzu fest: »Sein ›schriftstellerisches Bewußtsein‹ hat Nietzsche gewiß ganz zuletzt verloren« (NStud 1, 389).

Durch Montinari wurden Entstehung und Veränderung des Druckmanuskripts genau rekonstruiert. Für einige Passagen ist bis auf den Tag genau bekannt, wann Nietzsche sie formuliert. Zunächst verfaßt er Anfang Oktober 1888 unter der Überschrift »**Ecce homo**/Oder:/warum ich Einiges mehr weiss« einen elf kurze Abschnitte umfassenden Text (NF, KSA 13, 615–632). Drei dieser Abschnitte (7–9) entnimmt Nietzsche aus diesem Entwurf und fügt sie als eigenes Kapitel seinem Buch *Götzen-Dämmerung* hinzu. Die Korrekturfahnen dieses neuen Kapitels der *Götzen-Dämmerung* erhält er bereits am 24. Oktober aus der Druckerei zurück. Währenddessen arrangiert Nietzsche die bestehenden Abschnitte um und formuliert weitere Passagen: Nietzsches *Ecce homo* entsteht. Am 6. November informiert Nietzsche seinen Verleger Naumann darüber, daß er zwischen dem 15. Oktober und dem 4. November ein neues Buch vorbereitet hat. Das Druckmanuskript erreicht noch vor dem 15. November die Druckerei. Nietzsche verlangt es Anfang Dezember aus Leipzig zurück. Die Änderungen, die er bis zum 6. Dezember daran vornimmt, lassen sich detailliert nachvollziehen; ebenso die darauffolgenden Nachträge, deren letzter zwei Tage vor seinem Zusammenbruch datiert (vgl. NSt 1, 386ff.).

Die genaue Datierung ist auch deshalb von Bedeutung, weil sich die Veränderungen in Nietzsches Stimmung, soweit sie sich aus den erhaltenen Briefen Nietzsches erschließen lassen, auf die Veränderungen am Text des *Ecce homo* beziehen lassen.

Der Ton von Nietzsches Briefen zu Beginn der Arbeit an *Ecce homo* ist – in einer Formulierung Mazzino Montinaris – stellenweise von »unheimlicher Euphorie«. Nietzsches Korrespondenz wird aber nicht vollständig davon erfaßt. Ab Mitte November äußert sich dann ein phasenweise durchgängiges Hochgefühl eigener historischer Größe. In der zweiten Dezemberhälfte werden Ton und Inhalt einiger Briefe Nietzsches wieder etwas sachlicher.

Die Auswirkungen auf das Druckmanuskript des *Ecce homo* faßt Mazzino Montinari folgendermaßen zusammen: »Die Umarbeitung, welche Nietzsche Anfang Dezember im zurückverlangten Druckmanuskript des *Ecce homo* vornahm, spiegelt die Steigerung seines Selbstwertgefühls als Schicksalsmensch wider« (NSt 1, 389).

Die Änderungen ab Dezember 1888 betreffen Passagen, die über die ganze Länge des Textes verstreut sind. Nietzsche verändert Formulierungen, streicht und ersetzt Einzelpassagen und fügt neue Absätze ein. Dabei bleibt die literarische Geschlossenheit und die – im übrigen strenge – Komposition des Textes gewahrt. Angesichts dieser Geschlossenheit und der ungebrochenen Akribie Nietzsches beim Redigieren seines Textes ist es nicht legitim, mit Hinweis auf zeitweilige Unzurechnungsfähigkeit einzelne seiner Korrekturen zurückzunehmen. Für eine Einschätzung des *Ecce homo* ist es dennoch wichtig zu wissen, daß zeitweilige extreme Stimmungen ihren verhältnismäßig genau lokalisierbaren Niederschlag fanden. Die unterschiedlich gestimmten Formulierungen wurden jedoch ein letztes Mal durch Nietzsche zu einem Text amalgamiert, wurden zu Nietzsches *Ecce homo.*

Ein unterschlagener Text

Anfang Februar 1892 stattet Peter Gast dem Verleger Naumann in Leipzig einen Besuch ab. Im Auftrag von Elisabeth Förster-Nietzsche läßt er sich ein Manuskriptblatt aushändigen, welches seit drei Jahren im Schreibpult Naumanns verwahrt war. »Seien wir froh, dass wir's haben! Es muss nun aber wirklich vernichtet werden! –« formuliert er in dem Begleitschreiben an Nietzsches Schwester (vgl. NSt 1, 402). Er vermute, daß Naumann keine Kopie habe, versichert er wie zur Beruhigung. »Wenn auch klar ist, dass es bereits im vollen Wahnsinn geschrieben wurde, so wird es doch immer wieder Menschen geben, die da sagen: eben deshalb sei es von Bedeutung, denn hier redeten ohne Scheu die Instinkte in voller Wahrhaftigkeit!« (vgl. NSt 1, 402).

Nietzsches Schwester sammelt für das von ihr gegründete Nietzsche-Archiv auch in den folgenden Jahren jede Notiz ihres Bruders, läßt sich aus ganz Europa seine Briefe schicken. In dem durch sie verwalteten Bestand des Archivs findet sich von dem Blatt aus Leipzig keine Spur. Lediglich Nietzsches Notizbücher dieser Zeit enthalten zwei längere handschriftliche Entwürfe zu diesem Text. Sie sind fast unleserlich.

Im Juli 1969 stößt Mazzino Montinari im – inzwischen in die Bestände des Goethe- und Schiller-Archivs der Stiftung Weimarer Klassik eingegliederten – Nachlaß Peter Gasts auf ein Schriftstück: »Copie eines Bogens, den Nietzsche, bereits im vollen Wahnsinn, an Naumann während des Drucks des *Ecce homo* schickte« lautet die Überschrift. Der Passus »bereits im vollen Wahnsinn« ist gestrichen (vgl. NSt 1, 402). Vermutlich nach 1909 korrigiert hier Gast, einer der wenigen Menschen, die Friedrich Nietzsche in den letzten Jahren vor seinem geistigen Zusammenbruch nahestanden, sein Zugeständnis an dessen Schwester. Eben war der fünfte Band der ›Gesammelten Briefe‹ mit Nietzsches Briefen an Mutter und Schwester erschienen. Wie an den Manuskripten nachzuweisen ist, versuchte hier Elisabeth Förster-Nietzsche durch gefälschte Formulierungen ihre Legitimation als Nachlaßverwalterin ihres Bruders zu retten.

Als authentische Äußerung Nietzsches vor seinem Zusammenbruch gelesen, hätte das unterschlagene Blatt für diesen Anspruch leicht katastrophale Auswirkungen haben können. Eine Passage des – heute als 3. Abschnitt in das Kapitel »Warum ich so weise bin« eingegliederten – Texts enthält eine harte Distanzierung von Mutter und Schwester:

»Wenn ich den tiefsten Gegensatz zu mir suche, die unausrechenbare Gemeinheit der Instinkte, so finde ich immer meine Mutter und Schwester, – mit solcher canaille mich verwandt zu glauben wäre eine Lästerung auf meine Göttlichkeit. Die Behandlung, die ich von Seiten meiner Mutter und Schwester erfahre, bis auf diesen Augenblick, flösst mir ein unsägliches Grauen ein: hier arbeitet eine vollkommene Höllenmaschine, mit unfehlbarer Sicherheit über den Augenblick, wo man mich blutig verwunden kann – in meinen höchsten Augenblicken, ... denn da fehlt jede Kraft, sich gegen giftiges Gewürm zu wehren ... Die physiologische Contiguität ermöglicht eine solche disharmonia praestabilita ... Aber ich bekenne, dass der tiefste Einwand gegen die ›ewige Wiederkunft‹, mein eigentlich abgründlicher Gedanke, immer Mutter und Schwester sind.« (Ecce homo, KSA 6, 268)

Die ungeheure Härte dieser Passage legt es nahe, sie mit dem nahen geistigen Zusammenbruch Nietzsches in Verbindung zu bringen. Hierbei ist jedoch Vorsicht geboten. Der Ausbruch gegen Mutter und Schwester ist auch zu verstehen als ein spätes Aufbrechen der wohl tiefsten Verwundung, die Nietzsche in seinem Leben empfunden hat.

Knapp sieben Jahre zuvor findet er in Lou Salomé, einer jungen Russin, die ihm in Rom vorgestellt wird, ein Gegenüber, von dem er sich verstanden, dem er sich innerlich verwandt fühlt: »[...] – es ist nicht leicht möglich, daß zwei Menschen sich verwandter sein können als wir [Lou und Nietzsche] es sind.« (An Franz Overbeck, 10.11.1882; KSB 6, 276). »Zuletzt, meine liebe Lou, die alte tiefe herzliche Bitte: werden Sie, die Sie sind!« (An Lou Salomé, Ende August 1882; KSB 6, 247).

Er bittet ausgerechnet seinen in Lou verliebten Freund Paul Rée, in seinem Namen um Lous Hand anzuhalten. Lou weist Nietzsche ab. Trotzdem kommt es im Sommer noch zu einer längeren Phase intensiven gedanklichen Austauschs während eines Besuchs von Lou in Tautenburg. Dort agiert Nietzsches Schwester durch üble Nachrede gegen Lou, später auch gegen Rée. Heftige Auseinandersetzungen Nietzsches mit Schwester und Mutter sind die Folge:

»Leider hat sich meine Schwester zu einer Todfeindin L(ou)'s entwickelt [...]. Kurz ich habe die Naumburger ›Tugend‹ um mich, es giebt einen wirklichen Bruch zwischen uns – und auch meine Mutter vergaß sich einmal so weit mit einem Worte, daß ich meine Koffer packen ließ und morgens früh nach Leipzig fuhr.« (An Franz Overbeck, 9.9.1882; KSB 6, 256)

Eifrig untergraben von Nietzsches Schwester endet wenig später die Freundschaft zu Paul Rée und Lou Salomé. Nietzsches Vereinsamung danach ist tief. In einem Briefentwurf aus dem Frühjahr 1885 – also noch drei Jahre später – schreibt Nietzsche an seine Schwester: »Wenn ich Dir sehr gezürnt habe, so ist es, weil Du mich zwangst, die letzten M(enschen) aufzu(ge)ben, mit welchen ich ohne Tartüfferie sprechen konnte. – Jetzt bin ich allein.« (An Elisabeth Nietzsche (Entwurf), Mitte März 1885; KSB 7, 25). Und im selben Briefentwurf finden sich bereits Formulierungen, die denen in *Ecce homo* an Härte nicht nachstehen und für die es weitere Beispiele in Nietzsches Briefen gibt: »Es gehört zu den Räthseln, über die ich einige Male nachgedacht habe, wie es möglich ist, daß wir blutsverwandt sind. –« (An Elisabeth Nietzsche (Entwurf), Mitte März 1885; KSB 7, 24).

Noch eine weitere Verwandtschaft schlägt Nietzsche in dem unterschlagenen Text aus: Er distanziert sich von Deutschland und den Deutschen bis hin zur Konstruktion einer neuen Herkunft: »Und hiermit berühre ich die Frage der Rasse. Ich bin ein polnischer Edelmann pur sang, dem auch nicht ein Tropfen schlechtes Blut beigemischt ist, am wenigsten deutsches.« (Ecce homo, KSA 6, 268). Obwohl in Nietzsches Familie Mutmaßungen über polnische Vorfahren des Vaters kursierten, ist dieser Satz vor allem als symbolische Pointierung zu lesen. Er hat mehrfache Entsprechungen in *Ecce homo.* Besonders Nietzsches Selbstkommentar zu seiner Schrift *Der Fall Wagner* ist über weite Teile eine heftige Attacke gegen den Deutschen Nationalismus, Antisemitismus, die zeitgenössische deutsche Kultur, den Hang zur intellektuellen Unredlichkeit, den Nietzsche in der deutschen Geistesgeschichte diagnostiziert: »man will über sich nicht im Klaren sein« (Ecce homo, KSA 6, 361).

Besonders in einem Punkt wird Nietzsche – angesichts der nationalsozialistischen Versuche, sich auf ihn zu berufen – auf üble Weise Recht behalten: »Sie [die Deutschen] haben sich bis jetzt an mir compromittiert, ich zweifle, dass sie es in Zukunft besser machen« (Ecce homo, KSA 6, 360). Von Nietzsches Denken bleibt dabei mehr als nur eine unterschlagene Textseite auf der Strecke.

»Dies [nicht an deutscher Taktlosigkeit gelitten zu haben] schliesst aber nicht aus, dass ich die Ironie liebe, sogar die welthistorische Ironie. Und so habe ich [...] den ›Fall Wagner‹ in die Welt geschickt: die Deutschen sollten sich noch einmal unsterblich an mir vergreifen und verewigen! es ist gerade noch Zeit dazu! – Ist das erreicht? – Zum Entzücken, meine Herrn Germanen! Ich mache Ihnen mein Compliment...« (Ecce homo, KSA 6, 364)

»Seht, welch' ein Mensch...«

»Ecce Homo
Oder:
warum ich Einiges mehr weiss.
Von Friedrich Nietzsche«
(NF, KSA 13, 615)

So lautet einer der ersten Titelentwürfe, den sich Nietzsche für seine im Entstehen begriffene Selbstdarstellung notiert. Durch weitere Entwürfe wie »Der Spiegel / Versuch / einer Selbstabschätzung« (NF, KSA 13, 633), »Vademecum / Von der Vernunft meines Lebens« (NF, KSA 13, 634), »Fridericus Nietzsche de vita sua« (NF, KSA 13, 633) wird ein Themenkreis umrissen, der zwischen philosophischer Selbstreflektion und autobiographischer Selbstdarstellung liegt.

Schließlich greift Nietzsche wieder auf »Ecce homo« als Haupttitel zurück. Dieser Titel ist ein Zitat – ausgerechnet und absichtsvoll – aus dem Neuen Testament, genauer aus dem Johannesevangelium (Joh. 19,5): »Und Pilatus spricht zu ihnen: Seht, welch ein Mensch.« In der lateinischen

Übersetzung des griechischen Originals lauten die Worte des Pilatus »Ecce homo«.

Die Lage, in der diese Worte fallen, ist – nach der Schilderung des Johannesevangeliums – angespannt. In der Nacht zuvor ist Jesus auf Befehl der Jerusalemer Geistlichkeit gefangengenommen worden. Am frühen Morgen wird der Hohepriester Kaiphas beim Prätor, dem römischen Statthalter, vorstellig. Dieser Prätor ist Pontius Pilatus. Er ist verantwortlich für die Gerichtsbarkeit; insbesondere müssen Todesurteile durch ihn genehmigt werden. Kaiphas verlangt von Pontius Pilatus, Jesus wegen Hochverrats, nämlich wegen des Versuchs, sich zum König zu erklären, hinrichten zu lassen. Pilatus verhört Jesus in seinen Diensträumen, ohne die Anschuldigung bestätigt zu finden. Als Jesus ihm während des Verhörs eröffnet, der Sinn seines Lebens sei es, die »Wahrheit [zu] bezeugen«, reagiert Pilatus mit der abgeklärten Frage: »Was ist Wahrheit?« Anschließend bietet er der im Freien wartenden Menge an, Jesus zu begnadigen. Die Menge reagiert aufgebracht und lehnt eine Begnadigung ab.

In dieser Situation läßt Pilatus Jesus foltern: Dieser wird mit Geißeln geschlagen und passend zur Anklage zum Spottbild eines Königs ausstaffiert: – mit einer Krone aus dornigen Zweigen und einem Purpurgewand. Pilatus beschließt, den Angeklagten in diesem Zustand vorzuführen, um damit zu demonstrieren, daß sich auch unter Folter keine neuen Hinweise im Sinne der Anklage ergeben haben: »Seht, ich führe ihn heraus zu Euch, damit ihr erkennt, daß ich keine Schuld an ihm finde«.

In dem Augenblick, in dem der Gefolterte mit Dornenkrone und Purpurgewand heraustritt, wendet Pilatus sich wieder an die Ankläger: »Ecce homo« – »da, seht, was für ein Mensch«. Im nächsten Moment werden die Wartenden zum Mob, der schreiend die Vollstreckung der Kreuzigung verlangt.

Nietzsche kennt die Herkunft des Zitats genau. Kurz vor Abfassung des *Ecce homo* schreibt er in *Der Antichrist* über den Sprecher des »Ecce homo«:

»Habe ich noch zu sagen, dass im ganzen neuen Testament bloss eine einzige Figur vorkommt, die man ehren muss? Pilatus, der römische Statthalter.« (KSA 6, 225)

Nietzsche spielt in diesem Zusammenhang auch auf die kurze Entgegnung des Pilatus auf den Anspruch Jesu, die Wahrheit zu bezeugen, an.

»Der vornehme Hohn eines Römers, vor dem ein unverschämter Missbrauch mit dem Wort ›Wahrheit‹ getrieben wird, hat das neue Testament mit dem einzigen Wort bereichert, das Werth hat, – das seine Kritik, seine Vernichtung selbst ist: ›was ist Wahrheit!‹ ...« (ebd.)

Das Zitat »Ecce homo« evoziert sowohl die leidende Figur des vorgeführten Jesus als auch die vorführende Geste des vornehmen Römers. Auf analoge Weise zerlegt Nietzsche in einem Briefkommentar seinen Buchtitel in die vorführende Geste – »das ecce« – und den Vorgeführten: »Dieser homo bin ich nämlich selbst, eingerechnet das ecce« (An Meta von Salis, 14.11.1888; KSB 8, 471). Diese Briefstelle ist bemerkenswert, weil Nietzsche sich dort doppelt bezeichnet, nämlich als Vorführer und Vorgeführter seines Lebens.

Die Wahl dieses Titels für eine autobiographische Schrift ist in erster Linie ein gezielter antichristlicher Affront: Mit denselben Worten, mit denen Jesus vorgeführt wurde, führt hier Nietzsche sich selbst vor, ja er ersetzt Jesus durch sich selbst. Und er setzt sich auch gleich an die Stelle des vornehmen Römers – »eingerechnet das ecce« –, der abgeklärt den Sinn des Wortes »Wahrheit« in Frage stellt.

Unter dem plakativen Affront findet sich aber noch eine zweite Schicht der Identifikation. In *Ecce homo* führt sich auch ein Mensch vor, der von sich (und Richard Wagner) behauptet, »[...] dass wir tiefer gelitten haben [...], als Menschen dieses Jahrhunderts zu leiden vermöchten« (Ecce homo, KSA 6, 290). Nietzsches *Ecce homo* ist eben auch die Vorführung eines Menschen, der in der Tat an seiner Zeit, seinen Zeitgenossen und sich selbst tief gelitten hat – eine Identifikation mit dem Gefolterten.

Im gleichen Atemzug ist aber auch dieser Aspekt wieder einzuschränken: Zwei weitere Titelentwürfe stellen einen auf den ersten Blick völlig anderen Aspekt in den Vordergrund:

»In media vita
Aufzeichnungen eines Dankbaren
Von F. N.«
(NF, KSA 13, 632)

»Vademecum *
Von der Vernunft meines Lebens«
(NF, KSA 13, 634)

Kein gequälter, sondern ein dankbarer Blick, der mitten im Leben – »In media vita« – auf die »Vernunft« seines Lebens, auf das zum Gelingen Notwendige, fällt. Der Titel »In media vita« ist gleichzeitig ein Rückwärtsverweis auf eine bemerkenswerte, kurze Selbstauslegung, die Nietzsche im vierten Buch der *Fröhlichen Wissenschaft* gibt:

»In media vita. – Nein! Das Leben hat mich nicht enttäuscht! Von Jahr zu Jahr finde ich es vielmehr wahrer, begehrenswerther und geheimnissvoller, – von jenem Tage an, wo der grosse Befreier über mich kam, jener Gedanke, dass das Leben ein Experiment des Erkennenden sein dürfe – und nicht eine Pflicht, nicht ein Verhängniss, nicht eine Betrügerei! – Und die Erkenntniss selber: mag sie für Andere etwas Anderes sein, zum Beispiel ein Ruhebett oder der Weg zu einem Ruhebett, oder eine Unterhaltung, oder ein Müssiggang, – für mich ist sie eine Welt der Gefahren und Siege, in der auch die heroischen Gefühle ihre Tanz- und Tummelplätze haben. ›Das Leben ein Mittel der Erkenntniss‹ – mit diesem Grundsatze im Herzen kann man nicht nur tapfer, sondern sogar fröhlich leben und fröhlich lachen! Und wer verstünde überhaupt gut zu lachen und zu leben, der sich nicht vorerst auf Krieg und Sieg gut verstünde?« (KSA 3, 552f.)

Erkenntnisse, Gedanken werden hier zu den wichtigen Ereignissen, den »Gefahren und Siege[n]« seines Lebens. Nietzsche interpretiert hier sein Leben als Erkenntnis- und

* lat. vade mecum „geh mit mir": Taschenbuch, Leitfaden, Ratgeber [in Form eines kleinen Buches]

Wahrnehmungsorgan, genauer: als Experiment. In der Formulierung »nicht nur tapfer, sondern auch fröhlich leben« spricht sich aus, daß die ganze Palette leidvoller und erfreulicher Erlebnisse in dieses Experiment des Erkennenden mit einbezogen werden. Auch die Eigenschaft, »tiefer gelitten« zu haben als die Zeitgenossen, ist Teil des Experimentes, der empfindlichen Meßmethode mittels derer Nietzsche das Wahre, Begehrenswerte und Geheimnisvolle des Daseins meint aufdecken zu können. Und genau im authentischen Bezeugen einer Wahrheit besteht wieder eine untergründige Analogie zu Jesus, der im Verhör zu Pilatus sagt: »Ich bin geboren und in die Welt gekommen, daß ich die Wahrheit bezeugen soll. Wer aus der Wahrheit ist, der hört meine Stimme« (Joh. 18,37).

Nietzsche kontert mit seiner Selbstauslegung: Er will nicht in die Welt gekommen sein, um von einer überweltlichen Wahrheit Zeugnis abzulegen. An deren Stelle setzt er einen »Akt höchster Selbstbesinnung der Menschheit«, der in seiner Person »Fleisch« geworden sei.

»Aber meine Wahrheit ist furchtbar: denn man hiess bisher die Lüge Wahrheit. – Umwerthung aller Werthe: das ist meine Formel für einen Akt höchster Selbstbesinnung der Menschheit, der in mir Fleisch und Genie geworden ist.« (Ecce homo, KSA 6, 365)

In der Authentizität seiner Erkenntnis- und Gedankenerlebnisse besinnt sich – nach Nietzsches Selbstauslegung – die Menschheit auf sich selbst und wendet sich von idealistischen und religiösen Wahrheiten ab. Das Dasein – nicht länger als irdisches Jammertal verstanden – wird zum Gegenstand bejahender Zuwendung, die Leiden und Befremdliches einbegreift:

»Ich sah zuerst den eigentlichen Gegensatz: – den entartenden Instinkt, der sich gegen das Leben mit unterirdischer Rachsucht wendet [...] und eine aus der Fülle, der Überfülle geborene Formel der höchsten Bejahung, ein Jasagen ohne Vorbehalt, zum Leiden selbst, zur Schuld selbst, zu allem Fragwürdigen und Fremden des Daseins selbst...« (Ecce homo, KSA 6, 311)

Um die Fülle des Daseins zu erkennen sind unterschiedliche und vielschichtige Experimente nötig. Da diese Experimente aus dem Leben des Erkennenden bestehen, wird dieses selber vielschichtig und in sich verschieden werden müssen, um dem Dasein gerecht werden zu können. Exakt dieser Aspekt – der inhaltlich Nietzsches späte Selbstdarstellung in der Tat prägt – ist Gegenstand eines weiteren Titel- und Gliederungsentwurfs, der hier zum Abschluß zitiert werden soll. Der Erkennende wird darin zu einem »Vielfachen«:

> »Ecce homo
> Aufzeichnungen eines Vielfachen
> 1. Der Psycholog redet
> 2. Der Philosoph redet
> 3. Der Dichter redet
> 4. Der Musikant redet
> 5. Der Schriftsteller redet
> 6. Der Erzieher redet«
> (NF, KSA 13, 632)

Eine »vorbereitende Schrift«

»In Voraussicht, dass ich über Kurzem mit der schwersten Forderung an die Menschheit herantreten muss, die je an sie gestellt wurde, scheint es mir unerlässlich, zu sagen, wer ich bin« (Ecce homo, KSA 6, 257). Mit diesem Satz beginnt Nietzsche das Vorwort zu *Ecce homo.* Nietzsche begründet seine merkwürdige Selbstdarstellung mit einer Ankündigung. *Ecce homo* dient zur Vorbereitung seiner »schwersten Forderung an die Menschheit«, die Nietzsche für die nähere Zukunft in Aussicht stellt.

Der schicksalhaft gesteigerte Ton dieser Ankündigung wiederholt und verstärkt sich im letzten Kapitel des *Ecce homo* (»Warum ich ein Schicksal bin«):

»Ich kenne mein Loos. Es wird sich einmal an meinen Namen die Erinnerung an etwas Ungeheures anknüpfen, – an eine Krisis, wie es keine auf Erden gab, an die tiefste Gewissens-Collision, an eine Entscheidung heraufbeschworen gegen Alles, was bis dahin geglaubt, gefordert, geheiligt worden war. Ich bin kein Mensch, ich bin Dynamit. – Und mit Alledem ist Nichts in mir von einem Religionsstifter – Religionen sind Pöbel-Affairen, ich habe nöthig, mir die Hände nach der Berührung mit religiösen Menschen zu waschen ... Ich will keine ›Gläubigen‹, ich denke, ich bin zu boshaft dazu, um an mich selbst zu glauben, ich rede niemals zu Massen ... Ich habe eine erschreckliche Angst davor, dass man mich eines Tags heilig spricht: man wird errathen, weshalb ich dies Buch vorher herausgebe, es soll verhüten, dass man Unfug mit mir treibt ... Ich will kein Heiliger sein, lieber noch ein Hanswurst ... Vielleicht bin ich ein Hanswurst ... Und trotzdem oder vielmehr nicht trotzdem denn es gab nichts Verlogneres bisher als Heilige – redet aus mir die Wahrheit. – Aber meine Wahrheit ist furchtbar: denn man hiess bisher die Lüge Wahrheit. – Umwerthung aller Werthe: das ist meine Formel für einen Akt höchster Selbstbesinnung der Menschheit, der in mir Fleisch und Genie geworden ist.« (Ecce homo, KSA 6, 365)

Nietzsche brennt in dieser Passage ein Feuerwerk von Selbstbezeichnungen und Selbstbezichtigungen ab: »[...], ich bin Dynamit«, »ich denke, ich bin zu boshaft dazu, um an mich selbst zu glauben«, »... Vielleicht bin ich ein Hanswurst«. Die Stimmungen, die aus seinen Formulierungen sprechen, reichen von äußerster Selbstgewissheit bis zur Selbstironie. Auffällig sind die Parallelitäten mit dem Beginn des Vorwortes: Anstelle von »schwerster Forderung« spricht Nietzsche hier von »Gewissens-Collision«, »Krisis« und von einer durch ihn heraufbeschworenen »Entscheidung [...] gegen Alles, was bis dahin [...] gefordert [...] worden war«. Auch in dieser Passage wird die Herausgabe des *Ecce homo* begründet als ein vorsorglicher Schritt, der hier dem gründlichen Mißverständnis Nietzsches als neuer Leitfigur für »Gläubige« vorbeugen soll: »man wird errathen, warum ich dies Buch vorher herausgebe, es soll verhüten, dass man Unfug mit mir treibt...«. Am Ende der Passage nennt Nietzsche seine »schwerste Forderung« beim Namen: »Umwerthung aller Werthe«.

Die Identifikation der »schwersten Forderung« mit der »Umwerthung« wird gestützt durch eine Bemerkung, die Nietzsche kurz vorher in *Ecce homo* zu seiner 1888 erschienenen Schrift *Der Fall Wagner* macht: »Und so habe ich, zwei Jahre ungefähr vor dem zerschmetternden Blitzschlag der Umwerthung, der die Erde in Convulsionen versetzen wird, den ›Fall Wagner‹ in die Welt geschickt« (Ecce homo, KSA 6, 364). Das zukünftige Ereignis wird also zeitlich recht genau terminiert auf das Jahr 1890; und die Form, in der Nietzsche die »Formel« »Umwerthung aller Werthe« hier abkürzend zitiert, erinnert an den Umgang mit einem Werktitel.

Nun verwendet Nietzsche in *Ecce homo* schon früh, nämlich in der Präambel, die auf das Vorwort folgt, die Formulierung »Umwerthung aller Werthe« zusammen mit zwei weiteren Titeln in einer Aufzählung von Arbeitsergebnissen: »Die Umwerthung aller Werthe, die Dionysos-Dithyramben und, zur Erholung, die Götzen-Dämmerung – Alles Geschenke dieses Jahrs, sogar seines letzten Vierteljahrs!« (Ecce homo, KSA 6, 263).

Damit wird deutlich, daß die »schwerste Forderung«, von der Nietzsche im Vorwort spricht, die Menschheit in Form eines Buchs erreichen soll. Mit *Ecce homo* bereitet Nietzsche das Erscheinen eines neuen Buchs vor, von dessen Wirkung er sich Außerordentliches verspricht. Seinem Verleger schreibt er am 6. November 1888:

»[...] wundern Sie sich jetzt über Nichts mehr bei mir! Zum Beispiel, daß wir, sobald die Götzen-Dämmerung in jedem Sinn erledigt ist, sofort einen neuen Druck beginnen müssen. Ich habe mich vollkommen davon überzeugt, noch eine Schrift nöthig zu haben, eine im höchsten Grade vorbereitende Schrift, um nach Jahresfrist ungefähr mit dem ersten Buche der Umwerthung hervortreten zu können. [...] – Die neue Schrift heißt Ecce homo / Wie man wird, was man ist« (An Constantin Georg Nauman, 6.11.1888; KSB 8, 463f.)

Die durch *Ecce homo* vorzubereitende »Umwerthung« soll, wie aus dem Brief ersichtlich wird, im mehreren Büchern erscheinen. Anhand von Nietzsches Nachlaß läßt sich zeigen, daß die »Umwerthung aller Werthe« tatsächlich zunächst als ein Werk in vier Büchern geplant war. Dieser Werkplan tritt im späten Sommer 1888 an die Stelle des lange verfolgten Buchprojekts »Der Wille zur Macht«, das zuletzt schon die Formulierung »Umwerthung aller Werthe« im Untertitel führte. Nietzsche komponiert aus seinen Vorarbeiten im Spätsommer und Herbst 1888 zwei Bücher, die *Götzen-Dämmerung* und *Der Antichrist.* Letzteres ist das erste Buch der »Umwerthung aller Werthe«, von dem er im Brief an seinen Verleger spricht. In *Ecce homo* beschreibt er die Entstehung dieser Schrift:

»Unmittelbar nach Beendigung des eben genannten Werks und ohne auch nur einen Tag zu verlieren, griff ich die ungeheure Aufgabe der Umwerthung an, in einem souverainen Gefühl von Stolz, dem Nichts gleichkommt, jeden Augenblick meiner Unsterblichkeit gewiss und Zeichen für Zeichen mit der Sicherheit eines Schicksals in eherne Tafeln grabend. Das Vorwort entstand am 3. September 1888: als ich Morgens, nach dieser Niederschrift, ins Freie trat, fand ich den schönsten Tag vor mir, den das Oberengadin mir je gezeigt hat – durchsichtig, glühend in den Farben, alle Gegensätze, alle Mitten zwischen Eis und Süden in sich schliessend. –« (Ecce homo, KSA 6, 355)

Es paßt zu dem schicksalhaften Ton, den Nietzsche an einigen Stellen in *Ecce homo* anschlägt, wenn er sich hier als historischen Gesetzgeber darstellt, »Zeichen für Zeichen mit der Sicherheit eines Schicksals in eherne Tafeln grabend«.

Aufschlußreich und etwas kurios ist, daß Nietzsche *Ecce homo* noch in weiterer Hinsicht als »vorbereitende Schrift« verstand. Vom provokanten Gehalt seiner »Umwerthung« war er überzeugt. »Mein Argwohn ist, daß man das erste

Buch der Umwerthung, auf der Stelle confiscirt, – legal mit allerbestem Recht« (An Heinrich Köselitz (Peter Gast), 30.10.1888; KSB 8, 462). *Ecce homo* sollte nun eine Art Versuchsballon abgeben, mit dem Nietzsche testen wollte, wieweit die Pressefreiheit in Deutschland ihm die Veröffentlichung der »Umwerthung« ermöglichen würde: »Es [das Buch *Ecce homo*] handelt, mit einer großen Verwegenheit, von mir und meinen Schriften: ich habe nicht nur damit mich vorstellen wollen vor dem ganz unheimlichen Akt der Umwerthung, – ich möchte gern einmal die Probe machen, was ich bei den deutschen Begriffen von Preßfreiheit eigentlich risquiren kann« (ebd.).

In der Tat scheut Nietzsche in *Ecce homo* vor verwegenen Gedanken und Formulierungen nicht zurück. Und ein Seitenhieb wie der folgende könnte sich durchaus dem Test der Pressefreiheit verdanken: »[...] – ich würde dem jungen deutschen Kaiser [Wilhelm II.] nicht die Ehre zugestehn, mein Kutscher zu sein« (Ecce homo, KSA 6, 268).

Ecce homo – eine Vorführung

Herbsttage in Turin

»An diesem vollkommnen Tage, wo Alles reift und nicht nur die Traube braun wird, fiel mir eben ein Sonnenblick auf mein Leben: ich sah rückwärts, ich sah hinaus, ich sah nie so viel und so gute Dinge auf einmal. Nicht umsonst begrub ich heute mein vierundvierzigstes Jahr, ich durfte es begraben, – was in ihm Leben war, ist gerettet, ist unsterblich. Die Umwerthung aller Werthe, die Dionysos-Dithyramben und, zur Erholung, die Götzen-Dämmerung – Alles Geschenke dieses Jahrs, sogar seines letzten Vierteljahrs! Wie sollte ich nicht meinem ganzen Leben dankbar sein? Und so erzähle ich mir mein Leben.« (Ecce homo, KSA 6, 263)

Friedrich Nietzsche formuliert diese Sätze am 15. Oktober 1888 in Turin. Es ist sein 44. Geburtstag – der letzte vor seinem geistigen Zusammenbruch. Diese Textpassage wird zur Präambel des *Ecce homo*.

Zuvor verbrachte er verregnete Sommermonate in Sils Maria im Oberengadin. »Seit Juni habe ich gefroren und wie« (An Heinrich Köselitz (Peter Gast), 14.10.1888; KSB 8, 451). Nietzsches Stimmung und die Wetterlage erreichen einen gemeinsamen Tiefpunkt in der zweiten Septemberwoche.

»Zuletzt glaube ich, daß die merkwürdige Ungunst der meteorologischen Zustände jede Art von Erschöpfung in diesem Jahre bedenklich macht, – ich rede aus Erfahrung. Man ist durchaus nicht isoliert vom ganzen Naturleben: wenn der Wein nicht aus Mangel an Sonne geräth, werden wir auch sauer ... Seltsam, daß hier oben uns die stärkste Gedultsprobe bis zuletzt aufgespart war: es gab gerade schauderhafte Zustände die ganze letzte Woche: – ich lag wieder Tage lang wie betäubt. Die Wasser-Masse, die allein in den letzten Tagen gefallen ist, beträgt 220 millimeter: während das normale Quantum eines ganzen Monats in Sils 80 mill. ist. Trotzdem war Sils der einzige Ort im Engadin, der ohne Schaden durch diese Katastrophe (– unerhört in der Geschichte des Engadin!) durch gekommen ist.« (An Franz Overbeck, 14.9.1888; KSB 8, 433)

Nietzsche muß sogar die für den 18. September geplante Fahrt nach Turin verschieben, da die Bahnstrecke durch den Regen beschädigt ist. Schließlich fährt er am 20. September ab:

»Meine Reise hatte Schwierigkeiten und Geduldsproben schlimmer Art: ich kam Mitternachts erst nach Mailand. Das Bedenklichste war eine lange Passage Nachts in Como durch ein überschwemmtes Terrain auf einem ganz schmalen Holzbrett-Brückchen – bei Fackelbeleuchtung! Ganz wie gemacht für mich Blindekuh! – Durch die schlaffe und widrige Luft der Lombardei erschöpft kam ich in Turin an: aber seltsam! Wie im Ruck war Alles in Ordnung. Wunderbare Klarheit, Herbstfarben, ein exquisites Wohlgefühl auf allen Dingen.« (An Heinrich Köselitz (Peter Gast), 27.9.1888; KSB 8, 444)

In der zweiten Oktoberwoche stabilisiert sich sonniges und klares Herbstwetter. Nietzsches Briefe formulieren dieselbe noch stille Euphorie, die in der oben zitierten Präambel zu *Ecce homo* ihren literarischen Ausdruck findet. An Fritz Overbeck schreibt er am 18. Oktober:

»Ich machte gestern, mit Deinem Brief in der Hand, meinen gewohnten Nachmittags-Spaziergang außerhalb Turins. Reinstes Oktoberlicht überall; der herrliche Baumweg, der mich ungefähr eine Stunde dicht am Po entlang führte, vom Herbste noch kaum berührt. Ich bin jetzt der dankbarste Mensch von der Welt – herbstlich gesinnt in jedem guten Sinne des Wortes: es ist meine große Erntezeit. Alles wird leicht, Alles geräth mir, obwohl schwerlich schon Jemand so große Dinge unter den Händen gehabt hat.« (An Franz Overbeck, 18.10.1888; KSB 8, 453)

Und einen Tag später in einem Brief an seine Mutter:

»Hier geht es immer besser; Tag für Tag ein Wetter von vollkommen unbeschreiblicher Reinheit und Lichtfülle – Ich habe noch nirgendwo einen solchen Herbst gesehen. Von den wunderbaren Trauben und anderen Früchten darf ich gar nicht reden.« (An Franziska Nietzsche, 19.10.1888; KSB 8, 455)

In der Atmosphäre dieser Herbsttage entsteht *Ecce homo*. »Mein ›**Ecce homo**‹. Wie man wird was man ist« sprang innerhalb des 15. Oktobers, meines allergnädigsten Geburtstags und -Herren, und dem 4. November mit einer antiken Selbstherrlichkeit und guten Laune hervor, daß es mir zu wohlgerathen scheint, um einen Spaß dazu machen zu dürfen.« (An Heinrich Köselitz (Peter Gast); 13.11.1888; KSB 8, 467). Erstmalig teilte Nietzsche diesem Adressaten am 30. Oktober mit, woran er gerade arbeitet. Titel und Untertitel stehen zu diesem Zeitpunkt schon fest:

»Das Wetter ist so herrlich, daß es gar kein Kunststück ist, etwas gut zu machen. An meinem Geburtstag habe ich wieder Etwas angefangen, das zu gerathen scheint und bereits bedeutend avancirt ist. Es heißt **Ecce homo**. Oder Wie man wird, was man ist. Es handelt, mit einer großen Verwegenheit von mir und meinen Schriften.« (An Heinrich Köselitz (Peter Gast), 30.10.1888; KSB 8, 462).

Nach Phasen tiefer Einsamkeit, des Leidens an sich und anderen, der Krankheit entsteht Nietzsches *Ecce homo*, wie er schreibt, »Dank einem unvergleichlichen Wohlbefinden, das einzig in meinem Leben dasteht, Dank insgleichen einem wunderbaren Herbst und dem delikatesten Entgegenkommen das ich in Turin gefunden habe« (An Constantin Georg Naumann, 6.11.1888; KSB 8, 464)

»Und so erzähle ich mir mein Leben…«

Mit einer Autobiographie im landläufigen Sinne hat Nietzsches *Ecce homo* wenig zu tun. Eine Chronologie läßt sich nicht oder nur mit Mühe rekonstruieren. Eine zeitliche Reihenfolge wird am ehesten noch im Abschnitt »Warum ich so gute Bücher schreibe« eingehalten. Dort kommentiert Nietzsche die Reihe seiner veröffentlichten Werke in der Reihenfolge ihres Entstehens, und erst hier – an seinen Büchern entlang – fügen sich biographische Ereignisse zu einer Abfolge.

Gegen das Schema einer Lebensgeschichte verwahrt sich Nietzsches *Ecce homo* schon auf ersten Blick: Die Kapitelüberschriften: »Warum ich so weise bin«, »Warum ich so klug bin«, »Warum ich so gute Bücher schreibe«, »Warum ich ein Schicksal bin« – provokante rhetorische Fragen – gliedern den Text thematisch, dann aber doch so allgemein, daß Platz bleibt für Exkurse, Zitate, Kommentare, Anekdoten, Reflexionen oder Fragen.

Die literarische Form dieses Werkes läßt Nietzsche die Freiheit, Biographie und Gedanken assoziativ zu verknüpfen, ohne auf die Chronologie etwaiger Ereignisse, sogar ohne auf die Ereignisse selbst übermäßig Rücksicht nehmen zu müssen: »Und so erzähle ich mir mein Leben« – in der Tat, Nietzsche scheint ein Selbstgespräch zu führen.

Und dennoch: Nietzsche schreibt diesen Text gerade nicht für sich. In den bereits zitierten ersten Sätzen des Vorworts von *Ecce homo* erläutert Nietzsche die Motivation zu diesem Text, und er weist ihm eine Funktion zu: »In Voraussicht, dass ich über Kurzem mit der schwersten Forderung an die Menschheit herantreten muss, die je an sie gestellt wurde, scheint es mir unerlässlich zu sagen, wer ich bin.« (Ecce homo, KSA 6, 258). Das scheinbare Selbstgespräch will belauscht sein: Nietzsche stellt sich darin als den »frohen Botschafter« (Ecce homo, KSA 6, 366) seiner Gedanken, seiner Forderung an die Menschheit vor. Und ihn treibt dazu seine Sorge, nicht gehört oder gar verwechselt zu werden »Hört mich! denn ich bin der und der. Verwechselt mich vor Allem nicht« (Ecce homo, KSA 6, 257).

Ansichten und Perspektiven

Ecce homo verschränkt Person und Werk Friedrich Nietzsches. Der Text, in dem Nietzsche sich vorstellt, fügt sich in die Folge seiner Schriften und in den Zusammenhang seines Denkens, das eines ganz gewiss nicht ist: unpersönlich. Es ist geradezu spezifisch für Nietzsches Philosophie, daß sie sich nicht auf eine Zahl von Lehrsätzen oder Theoremen reduzieren läßt, ohne Rücksicht auf die Nuancen der Äußerung, den Stil der Passagen – und eben die Person des Denkenden. Nietzsche weist auch nicht erst in *Ecce homo* darauf hin. »Im Grunde dürfte man's wissen [, wer Nietzsche ist]: denn ich habe mich nicht ›unbezeugt gelassen‹« (Ecce homo, KSA 6, 258).

Tatsächlich schreibt er schon Mitte der achtziger Jahre für viele seiner bis dahin veröffentlichten Werke nachträglich Vorreden, die Selbstdarstellungen, Kommentare und Hinweise zum Entstehungskontext verbinden. Und – damit nicht genug – einige dieser nachgetragenen Vorreden legen sich wie Jahresringe um Einleitungstexte, die bereits zum Textbestand der Erstauflagen gehören.

Darüber hinaus läßt sich Nietzsche in seinen Büchern tatsächlich »nicht unbezeugt«, gibt seinen Lesern zu verstehen, wer er ist oder wer er zu sein wünscht. Am schönsten vielleicht zu Beginn des vierten Buchs der *Fröhlichen Wissenschaft*:

»Zum neuen Jahre. – Noch lebe ich, noch denke ich: ich muss noch leben, denn ich muss noch denken. Sum, ergo cogito: cogito, ergo sum. Heute erlaubt sich Jedermann seinen Wunsch und liebsten Gedanken auszusprechen: nun, so will auch ich sagen, was ich mir heute von mir selber wünschte und welcher Gedanke mir dieses Jahr zuerst über das Herz lief, – welcher Gedanke mir Grund, Bürgschaft und Süssigkeit alles weiteren Lebens sein soll! Ich will immer mehr lernen, das Nothwendige an den Dingen als das Schöne sehen: – so werde ich Einer von Denen sein, welche die Dinge schön machen. Amor fati: das sei von nun an meine Liebe! Ich will keinen Krieg gegen das Hässliche führen. Ich will nicht anklagen, ich will nicht einmal die Ankläger anklagen. Wegsehen sei meine einzige Verneinung! Und, Alles in Allem und Grossen: ich will irgendwann einmal nur noch ein Ja-sagender sein!« (KSA 3, 521)

Es lohnt sich, diesem Neujahrswunsch Nietzsches an sich selbst hier aus mindestens zwei Gründen Aufmerksamkeit zu schenken: Einerseits, weil das Motiv des amor fati – der Liebe zum Notwendigen, zum Schicksal – leitmotivisch auch *Ecce homo* durchzieht, andererseits weil diese Textpassage klären hilft, warum es Nietzsche so dringlich ist, sich in *Ecce homo* vorzustellen:

Der philosophische Blick, den sich Nietzsche wünscht, ist nicht der Anblick objektiver Gewissheiten und ewiger Ideen. Nietzsches Blick ist perspektivisch und gestaltend: »[...] das Notwendige an den Dingen als das Schöne sehen« oder aber »Wegsehen«.

Nietzsches Neujahrswunsch an sich selbst dokumentiert gleichzeitig, daß ein solcher perspektivischer Blick nicht mit Illusion oder Selbstbetrug zu verwechseln ist. Die Perspektive, um die es ihm geht, ist nicht willkürlich verfügbar – sonst wäre sie nicht Ziel eines offensichtlich noch nicht verwirklichten Projekts. Statt dessen hängt die Perspektive vom Gesichtspunkt ab. Die Perspektive verändert sich zusammen mit der Person des Blickenden. Erst aus der Perspektive dessen, der ein vollkommen Bejahender ist, fallen Notwendigkeit und Schönheit zusammen. Und erst dieser ist »Einer von Denen [...], welche die Dinge schön machen«. Schon vorher aber ist der perspektivische Blick des

Erkennenden fest mit seiner Person und – allgemeiner noch – mit dem Leben verknüpft: »›Das Leben ein Mittel der Erkenntnis‹ – mit diesem Grundsatz kann man nicht nur tapfer, sondern sogar fröhlich leben und fröhlich lachen« (KSA 3, 553).

Nietzsches Formulierungen legen es nahe, an dieser Stelle von einem doppelten Wirklichkeitsbezug einer solchen Perspektive zu sprechen: Sie hängt erstens ohne illusorische Willkür davon ab, wer derjenige ist, von dem der Blick ausgeht, sie verändert zweitens in der Tat die Welt (»die Dinge«). Für Nietzsche ist eine solche Perspektivität unvermeidbar. In *Jenseits von Gut und Böse* bezeichnet er »das Perspektivische« als »die Grundbedingung der Lebens« (KSA 5, 12).

Nietzsches perspektivischer Blick ist der Hintergrund dafür, daß er Person und Denken gerade nicht trennt, sondern in *Ecce homo* den Versuch unternimmt, sie wechselseitig aufeinander zu beziehen. Hier liegt auch einer der Gründe für die Sorge, verwechselt zu werden: der – individuelle – Gesichtspunkt bestimmt die Perspektive entscheidend. Objektive Lehrsätze könnten dem gegenüber auch ohne Anmerkungen zur Person ihres Entdeckers vermittelt werden. Daß Nietzsche noch kurz vor dem Abbruch seiner Denktätigkeit so intensiv darum bemüht ist, groben Mißverständnissen gegenüber seiner Person vorzubeugen, zeigt, daß es ihm nicht um die Mitteilung objektiver Lehrsätze, sondern um die Vermittlung einer philosophischen Haltung und Perspektive geht, die ihren Auf- oder Ausgangspunkt eben bei ihm, Nietzsche, hat.

Um eine philosophische Perspektive mitzuteilen, genügt es offensichtlich nicht, lediglich darzustellen, was für eine Aussicht sich bietet. Das Problem der Mitteilung besteht darin, auch den Auf- oder Aussichtspunkt zu transportieren. Die gelungene Mitteilung einer Perspektive ermöglicht es anderen, selbst eine zumindest ähnliche Perspektive einzunehmen. Mit diesem Problem der Mitteilung ringt Nietzsche bereits lange vor *Ecce homo*. Seine radikalste Antwort auf dieses Problem stellt *Also sprach Zarathustra* dar. In diesem Buch experimentiert Nietzsche mit einer neuen Form der Mitteilung. In der Gestalt des Zarathustra modelliert er den Ausgangspunkt einer philosophischen Perspektive mit. »Er redet nicht nur anders, er ist auch anders...« (Ecce homo, KSA 6, 260), stellt Nietzsche im Vorwort zu *Ecce homo* über Zarathustra fest. Die Gestalt Zarathustras, die »anders ist«, formt den Ausgangspunkt der Perspektive, welche Nietzsche mitteilen will. In der Gestalt des Zarathustra erfindet Nietzsche einen Sprecher. Für die Bedeutung seines Textes ist es entscheidend, daß genau dieser Sprecher ihn spricht und wie er ihn spricht. »Man muss vor Allem den Ton, der aus diesem Munde kommt, diesen halkyonischen Ton richtig hören, um dem Sinn seiner Weisheit nicht erbarmungswürdig unrecht zu tun« (Ecce homo, KSA 6, 259).

Im Jahr 1884 notiert sich Nietzsche: »Entschluß. Ich will reden, nicht mehr Zarathustra« (NF, KSA 11, 83). In *Ecce homo* unternimmt er den Versuch, zur Mitteilung der philosophischen Perspektiven seines Werks einen Auf- und Aussichtspunkt zur gestalten: sich selbst. Und schon im ersten Abschnitt des *Ecce homo* stellt Nietzsche fest, daß er gerade die Handhabung von Perspektiven perfektioniert hat: »Ich habe es jetzt in der Hand, ich habe die Hand dafür, Perspektiven umzustellen: erster Grund, weshalb für mich allein vielleicht eine ›Umwerthung‹ aller Werthe überhaupt möglich ist.« (Ecce homo, KSA 6, 266)

Verständnis und Mißverständnis

»Hat man mich verstanden?« (Ecce homo, KSA 6, 371, 373, 374) – dreimal, jeweils zu Beginn der letzten drei Absätze des Texts, wiederholt Nietzsche diese ihn beunruhigende Frage, durch welche die Schrift insgesamt motiviert ist. Der philosophischen Perspektiven wegen ist das Verstehen immer geknüpft an die Bedingung, ihn selbst nicht zu verwechseln. »Ich habe eine erschreckliche Angst davor, dass man mich eines Tages heilig spricht: man wird errathen, weshalb ich dieses Buch vorher herausgebe, es soll verhüten, dass man Unfug mit mir treibt...« (Ecce homo, KSA 6, 365).

Die kurze Präambel, die auf das Vorwort des *Ecce homo* folgt und den Übergang zu den vier Hauptabschnitten bildet, läßt von der Angst, verwechselt zu werden, nichts ahnen.

Der Kontrast zwischen Nietzsches beunruhigter Motivation und der eleganten, fast beiläufigen Bewegung, mit der er hier den Vorhang zu seiner Selbstdarstellung aufschlägt – »Wie sollte ich nicht meinem ganzen Leben dankbar sein? Und so erzähle ich mir mein Leben« (Ecce homo, KSA 6, 263) –, macht gerade deutlich, daß Nietzsche einen absichtsvoll gestalteten Text folgen läßt. *Ecce homo* ist die Selbst-Vorstellung Nietzsches eben auch im Sinne einer Inszenierung für ein Publikum

»[...] ich zöge vor, eher noch ein Satyr zu sein als ein Heiliger. Aber man lese nur diese Schrift. Vielleicht gelang es mir, vielleicht hatte diese Schrift gar keinen andren Sinn, als diesen Gegensatz in einer heitren und menschenfreundlichen Weise zum Ausdruck zu bringen.« (Ecce homo, KSA 6, 258)

So verbindlich der Ausdruck »menschenfreundlich« hier klingt: in Verbindung mit einem Aphorismus der *Fröhlichen Wissenschaft* wird deutlich, wie sehr eine Interpretation des *Ecce homo* sich davor in acht zu nehmen hat, daß Nietzsche sich selbst als Sprachrohr und Maske seiner Gedanken gestaltet haben könnte:

»Der Einsiedler spricht noch einmal. – Auch wir gehn mit ›Menschen‹ um, auch wir ziehn bescheiden das Kleid an, in dem (als das) man uns kennt, achtet, sucht, und begeben uns damit in Gesellschaft, das heisst unter Verkleidete, die es nicht heissen wollen; auch wir machen es wie alle klugen Masken und setzen jeder Neugierde, die nicht unser ›Kleid‹ betrifft, auf eine höfliche Weise den Stuhl vor die Thüre. Es giebt aber auch andre Arten und Kunststücke, um unter Menschen, mit Menschen ›umzugehn‹: zum Beispiel als Gespenst, – was sehr rathsam ist, wenn man sie bald los sein und fürchten machen will. Probe: man greift nach uns und bekommt uns nicht zu fassen. Das erschreckt. Oder: wir kommen durch eine geschlossne Thür. Oder: wenn alle Lichter ausgelöscht sind. Oder: nachdem wir bereits gestorben sind. Letzteres ist das Kunststück der posthumen Menschen par excellence. (›Was denkt ihr auch?‹ sagte ein Solcher einmal ungeduldig, ›würden wir diese Fremde, Kälte, Grabesstille um uns auszuhalten Lust haben, diese ganze unterirdische verborgne stumme unentdeckte Einsamkeit, die bei uns Leben heisst und ebensogut Tod heissen könnte, wenn wir nicht wüssten, was aus uns wird, – und dass wir nach dem Tode erst zu unserm Leben kommen und lebendig werden, ah! sehr lebendig! wir posthumen Menschen!‹ –)« (KSA 3, 613)

Unter der »heiteren und menschenfreundlichen« Darstellungsweise mancher Passagen des *Ecce homo* ragen verschiedentlich exakt die Charakteristika dieses Einsiedlers hervor, der verkleidet und maskiert mit ›Menschen‹ umgeht: Nietzsches Einsamkeit und Unzeitgemäßheit. »Das Eis ist nahe, die Einsamkeit ist ungeheuer – [...] – Philosophie, wie ich sie bisher verstanden und gelebt habe, ist das freiwillige Leben in Eis und Hochgebirge« (Ecce homo, KSA 6, 258), und sein Gefühl unzeitgemäß zu sein: »Ich selber bin noch nicht an der Zeit, Einige werden posthum geboren« (Ecce homo, KSA 6, 298).

Der Aufbau des Buchs

Ecce homo erweist sich als durchkomponierter Text. Die offene – manchmal fast plaudernde – Art der Mitteilung ist die »heitere und menschenfreundliche« Oberfläche, unter der jeder Abschnitt, jeder Satz absichtsvoll gewählt und plaziert wurden.

Ehe Nietzsche zu den vier Hauptabschnitten seiner Selbstdarstellung kommt, leitet er den Leser durch zwei Eingangstexte: das Vorwort, in dessen vier Abschnitten Nietzsche zunächst Motivation und Hauptanliegen seiner Schrift nennt – »Hört mich! denn ich bin der und der. Verwechselt mich vor Allem nicht!« (Ecce homo, KSA 6, 257) – und dann formelhaft verkürzend die entscheidenden Selbstauslegungen aus *Ecce homo* vorwegnimmt, und, als zweiter Eingangstext, jene kurze Präambel, die mit dem Satz »Und so erzähle ich mir mein Leben« (Ecce homo, KSA 6, 263) die Bühne für Nietzsches Selbstdarstellung in vier Akten öffnet.

Diese kurze Präambel ist in ihrer Bedeutung für den Text kaum zu überschätzen. In ihr verdichtet Nietzsche die Stimmung, aus der heraus er *Ecce homo* schreibt, und eröffnet sich gleichzeitig die Möglichkeit, seine Selbstdarstellung in der unverbindlichen, hochgradig offenen literarischen Form eines Selbstgesprächs präsentieren zu können.

Schon diese Präambel stellt auch klar, daß eben kein chronologisch exakter Lebensbericht zu erwarten ist, sondern ein assoziativer Erzählgang. Nietzsche rückt in den folgenden vier Hauptabschnitten »Warum ich so weise bin«, »Warum ich so klug bin«, »Warum ich so gute Bücher schreibe« und »Warum ich ein Schicksal bin« diejenigen Lebenssituationen und Lebensumstände ins Bewußtsein, die ihm zur Mitteilung seines Selbstverständnisses besonders geeignet erscheinen. Und er nutzt die – durch die freie Form des Selbstgespräches jederzeit bestehende – Möglichkeit, die eigentlichen Hauptereignisse seines Lebens einfließen zu lassen: Gedanken.

Der »Décadent und sein Gegensatz«

Nietzsches Weisheit

Die Philosophen und das Leben

»Warum ich so weise bin«, die Überschrift des ersten Kapitels des *Ecce homo*, enthält gleich zwei Provokationen. Die offensichtliche Provokation ist natürlich die Selbstverständlichkeit, mit der Nietzsche sich hier rühmt, »so weise« zu sein. Die zweite Provokation betrifft sein Verhältnis zur Philosophie. Mit einem einzigen Satz überspringt Nietzsche den Abstand zwischen dem Liebhaber der Weisheit, dem Philosophen im Sinne der griechischen Wortbedeutung, und der Weisheit selbst, Sophia. Erstmals betont wurde dieser Abstand von Pythagoras, da die Weisheit allein der Gottheit zukomme (so nach Diogenes Laertius I,12). Sokrates, der für sich nur eine dem Menschen angemessene Weisheit – das Wissen, nichts zu wissen – reklamierte (vgl. Platon, *Apologie* 20cff.), galt bald als der eigentliche Prototyp des von Pythagoras beschriebenen Philosophen. Seither kennzeichnet es den Philosophen, aus dem Abstand heraus ein – gewissermaßen nur erotisches – Verhältnis zum idealen Wahren, Schönen, Guten zu haben. Demgegenüber rühmt Nietzsche sich hier in provozierender Absicht, schon weise zu sein. Dadurch geht er bereits in der Überschrift auf Abstand zu der Art von Philosophie, die er durch Sokrates geprägt sieht.

Es folgt konsequenterweise noch im ersten Abschnitt des Kapitels ein Seitenhieb auf Sokrates: »Meine Leser wissen vielleicht, in wie fern ich Dialektik als Décadence-Symptom betrachte, zum Beispiel im allerberühmtesten Fall: im Fall des Sokrates.« (Ecce homo, KSA 6, 265) Der »Fall des Sokrates« beschäftigt Nietzsche von Anfang an. Ein Jahr vor seiner Schrift *Die Geburt der Tragödie aus dem Geiste der Musik*, mit der er in *Ecce homo* die Vorstellung seiner Bücher beginnt, läßt er 1871 eine Vorform dieser Schrift privat unter dem Titel *Sokrates und die griechische Tragödie* drucken. Und auch in einem später verfaßten Vorwort zur *Geburt der Tragödie* weist er auf das Leitmotiv »Sokratismus« hin: »Und wiederum: das, woran die Tragödie starb, der Sokratismus der Moral, die Dialektik, Genügsamkeit und Heiterkeit des theoretischen Menschen – wie? könnte nicht gerade dieser Sokratismus ein Zeichen des Niedergangs, der Ermüdung, Erkrankung, der anarchisch sich lösenden Instinkte sein?« (KSA 1, 12).

Der Seitenhieb auf Sokrates im Abschnitt »Warum ich so weise bin« ist auch ein direkter Lesehinweis. In der *Götzen-Dämmerung* findet sich ein ganzer Abschnitt mit der Überschrift »Das Problem des Sokrates«. In diesem Abschnitt spricht sich die philosophische Provokation von Nietzsches Anspruch, weise zu sein, deutlich aus:

»Von Seiten eines Philosophen im Werth des Lebens ein Problem sehn bleibt dergestalt sogar ein Einwurf gegen ihn, ein Fragezeichen an seiner Weisheit, eine Unweisheit. – Wie? und alle diese grossen Weisen – sie wären nicht nur décadents, sie wären nicht einmal weise gewesen? –« (KSA 6, 68)

Nietzsche kritisiert – nicht zum ersten Mal – den Versuch der »Philosophen«, theoretisch, das heißt unter Berufung auf das ideale Wahre, Schöne und Gute, über das Leben zu urteilen.

»Man muss durchaus seine Finger darnach ausstrecken und den Versuch machen, diese erstaunliche finesse zu fassen, dass der Werth des Lebens nicht abgeschätzt werden kann. Von einem Lebenden nicht, weil ein solcher Partei, ja sogar Streitobjekt ist und nicht Richter; von einem Todten nicht, aus einem andren Grunde.« (KSA 6, 68)

Nietzsches Argument wirft ein Schlaglicht auf seine philosophische Perspektive: Über das Leben kann nicht geurteilt werden, weil es keinen Standpunkt und daher auch keinen Maßstab außerhalb des Lebens gibt. Ein erster Aspekt von Nietzsches »Weisheit« ist die Einsicht, daß das Dasein dem Denken zuvorkommt. Auch der Denkende ist nicht nur »Partei«, sondern bereits »sogar Streitobjekt« im (Gerichts-) Prozeß, der hier zur Metapher für das Dasein wird. Als Konsequenz gibt es kein Urteilen, sprich Denken, *über* das Leben, sondern nur Urteilen und Denken *im* Leben. Denken ist ein Lebenszeichen des Denkenden, ein Symptom. »Urtheile, Werthurtheile über das Leben, können zuletzt niemals wahr sein: [...] sie kommen nur als Symptome in Betracht, [...]« (KSA 6, 68).

Die Herkunft eines Unparteiischen

Am Beginn des Abschnitts »Warum ich so weise bin« findet sich eine Formulierung, die der Einsicht, immer schon »Partei« im Leben zu sein, direkt zu widersprechen scheint: Nietzsche spricht von »jene[r] Freiheit von Partei im Verhältniss zum Gesammtprobleme des Lebens, die mich vielleicht auszeichnet« (Ecce homo, KSA 6, 264). Genau in diesem Widerspruch aber liegt das Problem, die Frage, auf die der ganze Abschnitt »Warum ich so weise bin« eine Antwort versucht. Nietzsche gibt keinesfalls seinen Standpunkt der Immanenz, der ganz im Dasein verlaufenden philosophischen Perspektive, auf. Die »Freiheit von Partei« ist relativ: ein etwas freierer Blick auf das Dasein, ermöglicht durch das Leben selbst. Nietzsche versucht zu erklären, daß und wie es einer speziellen Lebensform möglich ist, diese relativ freie Aussicht auf das Dasein als Perspektive einzunehmen. Diese spezielle Lebensform heißt – Friedrich Nietzsche; und die Erklärung, die er zu geben versucht, ist seine Herkunft:

»Das Glück meines Daseins, seine Einzigkeit vielleicht, liegt in seinem Verhängniss: ich bin, um es in Räthselform auszudrükken, als mein Vater bereits gestorben, als meine Mutter lebe ich noch und werde alt. Diese doppelte Herkunft, gleichsam aus der obersten und der untersten Sprosse an der Leiter des Lebens, décadent zugleich und Anfang – dies, wenn irgend Etwas, erklärt jene Neutralität, jene Freiheit von Partei im Verhältniss zum Gesammtprobleme des Lebens, die mich vielleicht auszeichnet. Ich habe für die Zeichen von Aufgang und Niedergang eine feinere Witterung als je ein Mensch gehabt hat, ich bin der Lehrer par excellence hierfür, – ich kenne Beides, ich bin Beides. –« (Ecce homo, KSA 6, 264)

Nietzsche erzeugt mit der »Räthselform«, durch die er seine Herkunft charakterisiert, eine Spannung, die er im Verlauf des Kapitels durch die Erläuterung seiner »doppelten Herkunft« nur teilweise lösen wird. Und er unterstreicht die Bedeutung der Passage durch die komplementäre Entgegensetzung von Glück und Verhängnis. Das prekäre Glück seines Daseins – gewissermaßen seiner Lebensform – sieht Nietzsche in seiner Polarität: sein Leben, er selbst, ist zwischen zwei Pole gespannt: »décadent zugleich und Anfang – [...] – ich kenne Beides, ich bin Beides«. Hierdurch klärt sich die Bedeutung »jener Freiheit von Partei«: Nietzsche ist es möglich, einen »Doppelblick« (Ecce homo, KSA 6, 328) auf das Dasein zu werfen, er hat die – relative – Freiheit, zwei Perspektiven einzunehmen. Es wird noch zu klären sein, wofür das Wort »décadent« steht, das hier den einen Pol des Daseins Friedrich Nietzsches markiert, aber klar ist: Nietzsche gestaltet seine »doppelte Herkunft« – eine janusköpfige Doppelnatur – zur Begründung seiner »Weisheit«, der Möglichkeit, das Dasein aus mehreren Perspektiven gleichzeitig, als décadent und dessen Gegensatz, zu erleben. »Abgerechnet nämlich, dass ich ein décadent bin, bin ich auch dessen Gegensatz« (Ecce homo, KSA 6, 266).

Glück und Verhängnis ist diese Polarität erstens dadurch, daß die Spannung zwischen den Polen zu einer inneren

Spannung wird, und zweites, weil für das Bild, das sich aus dieser doppelten Perspektive bietet, insgesamt gilt, was Nietzsche einer Einzelerkenntnis attestiert: es ist »fruchtbar und furchtbar zugleich und mit jenem Doppelblick in die Welt sehend, welche alle grossen Erkenntnisse haben...« (Ecce homo, KSA 6, 328).

Nietzsche beginnt nach der einleitenden Formulierung des Kapitels, welche die Polarität seines Daseins »in Räthselform« andeutet, biographische Belege für die behauptete »doppelte Herkunft« anzuführen:

»Mein Vater starb mit sechsunddreissig Jahren: er war zart, liebenswürdig und morbid, wie ein nur zum Vorübergehn bestimmtes Wesen, – eher eine gütige Erinnerung an das Leben, als das Leben selbst. Im gleichen Jahre, wo sein Leben abwärts gieng, gieng auch das meine abwärts: im sechsunddreissigsten Lebensjahre kam ich auf den niedrigsten Punkt meiner Vitalität, – ich lebte noch, doch ohne drei Schritt weit vor mich zu sehn. Damals – es war 1879 – legte ich meine Basler Professur nieder, lebte den Sommer über wie ein Schatten in St. Moritz und den nächsten Winter, den sonnenärmsten meines Lebens, als Schatten in Naumburg. Dies war mein Minimum: ›Der Wanderer und sein Schatten‹ entstand währenddem. Unzweifelhaft, ich verstand mich damals auf Schatten...« (Ecce homo, KSA 6, 265f.)

Nietzsche parallelisiert hier sein Leben teilweise mit dem seines Vaters, Carl Ludwig Nietzsche. Dieser starb – 36jährig –, »wie der junge Nietzsche berichtet und alle zeitgenössischen Quellen ausnahmslos bestätigen, an einer Gehirnkrankheit, einer Entzündung mit nachfolgender ›Gehirnerweichung‹, wie die Diagnose des Arztes in der damaligen recht vagen Terminologie lautete. Möglicherweise handelte es sich um einen Tumor.« (MM, 6)

Nietzsche selbst leidet immer wieder an heftigen, teilweise mehrtägigen quälenden Kopfschmerzen und Sehstörungen. Sie erreichen, wie er hier berichtet, 1879 einen Höhepunkt und sind der offizielle Grund dafür, daß Nietzsche die Professur für klassische Philologie an der Universität Basel aufgibt, auf die er am 12. Februar 1869 – also schon im Alter von 24 Jahren – berufen wurde. Die für die damalige Zeit großzügige Pension, die er aus Basel bezieht, ermöglicht es ihm, sich in den folgenden Jahren ganz auf seine Denkarbeit zu konzentrieren.

Der Décadent

Die Tatsache, daß der Tiefpunkt seiner Gesundheit in dasselbe Lebensjahr fällt, wie die Krankheit und der Tod des Vaters, nutzt Nietzsche zum Erweis der ersten Hälfte seiner doppelten Herkunft. Aus der Passage erläutert sich auch ein Teil der Bedeutung des Ausdrucks »décadent«, mit dem er diesen Pol seiner Person bezeichnet: Décadence ist Schwäche, Mangel an Widerstands- und Lebenskraft: »die Krankheiten, vor allen die Nerven- und Kopfkrankheiten sind Anzeichen, daß die Defensiv-Kraft der starken Natur fehlt; [...]« (KSA 13, 265; unter der Überschrift »Zum Begriff ›Décadence‹«). Ein Fragment des Jahres 1888 ergänzt die wörtliche Übersetzung von Décadence – »Abfall, Verfall« – durch eine bezeichnende und bemerkenswerte Stellungnahme:

»Der Abfall, Verfall, Ausschuß ist nichts, was an sich zu verurtheilen wäre: er ist eine nothwendige Consequenz des Lebens, des Wachsthums an Leben. Die Erscheinung der décadence ist so nothwendig, wie irgend ein Aufgang und Vorwärts des Lebens: man hat es nicht in der Hand sie abzuschaffen. Die Vernunft will umgekehrt, daß ihr ihr Recht wird...« (NF, KSA 13, 255f.)

Décadence erscheint hier als notwendiger Abbau im Haushalt des Lebens, der auf jedes Wachstum folgt und wieder Platz für einen neuen Auf- oder Umbau schafft.

Die nächsten, biographischen Hinweise in *Ecce homo* führen zu einer zweiten Bedeutungsdimension des Ausdrucks décadent:

»Im Winter darauf, meinem ersten Genueser Winter, brachte jene Versüssung und Vergeistigung, die mit einer extremen Armuth an Blut und Muskel beinahe bedingt ist, die ›Morgenröthe‹ hervor. Die vollkommne Helle und Heiterkeit, selbst Exuberanz des Geistes, welche das genannte Werk wiederspiegelt, verträgt sich bei mir nicht nur mit der tiefsten physiologischen Schwäche, sondern sogar mit einem Excess von Schmerzgefühl. Mitten in Martern, die ein ununterbrochner dreitägiger Gehirn-Schmerz sammt mühseligem Schleimerbrechen mit sich bringt, – besass ich eine Dialektiker-Klarheit par excellence und dachte Dinge sehr kaltblütig durch, zu denen ich in gesünderen Verhältnissen nicht Kletterer, nicht raffinirt, nicht kalt genug bin. Meine Leser wissen vielleicht, in wie fern ich Dialektik als Décadence-Symptom betrachte, zum Beispiel im allerberühmtesten Fall: im Fall des Sokrates.« (Ecce homo, KSA 6, 265)

Décadence ermöglicht durch Abnahme der Widerstandskraft und die daraus resultierende erhöhte Sensibilität eine Verfeinerung der Wahrnehmung, der Erkenntnisfähigkeit und des Ausdrucksvermögens. Hier spricht Nietzsche von Raffinesse, etwas später betont er seinen Sinn für feine Unterschiede, Nuancen:

»Selbst jene Filigran-Kunst des Greifens und Begreifens überhaupt, jene Finger für nuances, jene Psychologie des ›Um-die-Ecke-sehns‹ und was sonst mir eignet, ward damals erst erlernt, ist das eigentliche Geschenk jener Zeit, in der Alles sich bei mir verfeinerte, die Beobachtung selbst wie alle Organe der Beobachtung.« (Ecce homo, KSA 6, 265f.)

»Nuances«, »Raffinesse«, »Delicatesse« – die Reihe dieser dem deutschen Text Eleganz verleihenden französischen Lehnwörter ließe sich noch fortsetzen. Sie alle signalisieren Individualität und den verfeinerten Sinn des décadent in Nietzsche.

Aber schon hier innerhalb der zuletzt zitierten Passagen mischt Nietzsche zwischen zwei Spiegelstrichen ein wenig vom zweiten Aspekt seiner »doppelten Herkunft« unter. Und er weist energisch die Möglichkeit von sich, die Phasen krankhafter Zustände könnten seine Denkfähigkeit reduziert haben:

»Alle krankhaften Störungen des Intellekts, selbst jene Halbbetäubung, die das Fieber im Gefolge hat, sind mir bis heute gänzlich fremde Dinge geblieben, über deren Natur und Häufigkeit ich mich erst auf gelehrtem Wege zu unterrichten hatte. Mein Blut läuft langsam. Niemand hat je an mir Fieber constatiren können. Ein Arzt, der mich länger als Nervenkranken behandelte, sagte schliesslich: ›nein! an Ihren Nerven liegt's nicht, ich selber bin nur nervös.‹ Schlechterdings unnachweisbar irgend eine lokale Entartung; kein organisch bedingtes Magenleiden, wie sehr auch immer, als Folge der Gesammterschöpfung, die tiefste Schwäche des gastrischen Systems. Auch das Augenleiden, dem Blindwerden zeitweilig sich gefährlich annähernd, nur Folge, nicht ursächlich: so dass mit jeder Zunahme an Lebenskraft auch die Sehkraft wieder zugenommen hat. –« (Ecce homo, KSA 6, 265)

Nietzsches Text spiegelt die Polarität seiner »doppelten Herkunft«. Am Schluß des ersten Abschnittes von »Warum ich so weise bin« verdichtet er die wechselnden Gesundheitszustände seines Lebens zum komplementären Bild seiner Person. Vom Durchleben der verschiedenen Perspektiven führt ein Weg zur Freiheit, die verschiedenen Perspektiven einzunehmen, ja sogar Perspektiven umzustellen:

»Von der Kranken-Optik aus nach gesünderen Begriffen und Werthen, und wiederum umgekehrt aus der Fülle und Selbstgewissheit des reichen Lebens hinuntersehn in die heimliche Arbeit des Décadence-Instinkts – das war meine längste Übung, meine eigentliche Erfahrung, wenn irgend worin wurde ich darin Meister. Ich habe es jetzt in der Hand, ich habe die Hand dafür, Perspektiven umzustellen: erster Grund, weshalb für mich allein vielleicht eine ›Umwerthung der Werthe‹ überhaupt möglich ist.« (Ecce homo, KSA 6, 266)

Von der »doppelten Herkunft« und Lebensphasen unterschiedlicher »Vitalität« gelangt Nietzsche mit dieser Passage zur Komplexität seiner Persönlichkeit, seiner »Natur«. Diese Position, wird Nietzsche für den Rest des Kapitels nicht mehr verlassen. Die folgenden Abschnitte schildern Aspekte dieser »Natur«, wie Nietzsche am Ende des Kapitels deutlich macht: »Darf ich noch einen letzten Zug meiner Natur anzudeuten wagen [...]« (Ecce homo, KSA 6, 275).

Der kranke Gesunde

Der zweite Abschnitt stellt dem »décadent« ein gegensätzliches Motiv entgegen: »Abgerechnet nämlich, dass ich ein décadent bin, bin ich auch dessen Gegensatz« (Ecce homo, KSA 6, 266). Bei etwas genauerer Betrachtung zeigt sich, daß der Einleitungssatz nicht mit Betonung auf dem »abgerechnet« zu lesen ist, sondern mit Betonung auf dem zweifachen »ich bin«. Der Abschnitt zeigt gerade die Art, mit der die Gegensätze in dem Bild Nietzsches jederzeit zusammen vorhanden sind, das er vorstellt:

»Mein Beweis dafür [– beides, décadent und sein Gegensatz zu sein –] ist, unter Anderem, dass ich instinktiv gegen die schlimmen Zustände immer die rechten Mittel wählte: während der décadent an sich immer die ihm nachtheiligen Mittel wählt.« (Ecce homo, KSA 6, 266)

Das Verhältnis der Gegensätze ist dabei kein gleichberechtigtes; hier endet auch die Tragfähigkeit des in dieser Interpretation bisher verwendeten Bildes der Polarität: »Als summa summarum war ich gesund, als Specialität war ich décadent« (Ecce homo, KSA 6, 266) und später »Ich nahm mich selbst in die Hand, ich machte mich selbst wieder gesund: die Bedingung dazu – jeder Physiologe wird das zugeben – ist, dass man im Grunde gesund ist« (Ecce homo, KSA 6, 266).

Die Überwindung der »schlimmen Zustände« stellt Nietzsche als Selbstheilung dar. Mehr noch: Die Krankheit wirkt auf den »im Grunde« Gesunden sogar anregend, stimulierend: »für einen typisch Gesunden kann [...] Kranksein sogar ein energisches Stimulanz zum Leben, zum Mehr-leben sein.« (Ecce homo, KSA 6, 266).

Was wird in diesem Selbstheilungsprozeß aus dem décadent in Nietzsche? Die Formulierungen geraten hier in die Schwebe: einerseits scheint die Vergangenheitsform – »als Specialität war ich décadent« – auszudrücken, daß Nietzsche den »décadent« in sich überwunden hat, andererseits überwiegt die Gegenwartsform in Formulierungen wie »dass ich ein décadent bin« (Ecce homo, KSA 6, 266), »– ich kenne Beides, ich bin Beides –«. Schließlich beschreibt Nietzsche schon im ersten Abschnitt ein periodisches Schwanken über längere Zeiträume: »Eine lange, allzulange Reihe von Jahren bedeutet bei mir Genesung, – sie bedeutet leider auch zugleich Rückfall, Verfall, Periodik einer Art décadence« (Ecce homo, KSA 6, 265). Die »im Grunde« vorherrschende Gesundheit wird zu einer Regenerationsfähigkeit; damit ist sie der schwachen Widerstandskraft des décadent entgegengesetzt, welche gleichzeitig die Wurzel seiner – auch philosophischen – Sensibilität und Verwundbarkeit ist, und arbeitet ihr immer wieder entgegen. Gerade die zwischen Vergangenheit und Gegenwart schwebenden Formulierungen zeichnen das Bild einer fortgesetzten Selbstheilung, während derer Nietzsche latent ein décadent bleibt. Genau deshalb ist seine Selbstheilung gleichzeitig eine wiederholte Selbstüberwindung. Die Regenerationsfähigkeit wird zum »Willen zur Gesundheit, zum Leben« (Ecce homo, KSA 6, 267).

Der Stoff zur Philosophie

Es ist faszinierend und bemerkenswert, daß Nietzsche genau an dieser Stelle wieder von seiner Philosophie spricht. Ein knapper, klarer Satz – und Nietzsche unternimmt darin nicht weniger, als die Wurzel seiner Philosophie zu erkennen zu geben: »[...] – ich machte aus meinem Willen zur Gesundheit, zum Leben, meine Philosophie...« (ebd.).

Zwei Jahre vor der Abfassung des *Ecce homo* identifiziert Nietzsche die unmittelbare Verwandlung – »Transfiguration« sogar im Sinne einer Verklärung – von Erlebnissen und Lebensweisen, in Denkäußerungen als Philosophie. Und schon hier formuliert Nietzsche als Möglichkeit, daß ein Durchleben »vieler Gesundheiten«, daß aber auch die »Krankheit«, unverzichtbar für sein philosophisches Denken sein könnte:

»Ein Philosoph, der den Gang durch viele Gesundheiten gemacht hat und immer wieder macht, ist auch durch ebensoviele Philosophien hindurchgegangen: er kann eben nicht anders als seinen Zustand jedes Mal in die geistigste Form und Ferne umzusetzen, – diese Kunst der Transfiguration ist eben Philosophie. Es steht uns Philosophen nicht frei, zwischen Seele und Leib zu trennen, wie das Volk trennt, es steht uns noch weniger frei, zwischen Seele und Geist zu trennen. Wir sind keine denkenden Frösche, keine Objektivir- und Registrir-Apparate mit kalt gestellten Eingeweiden, – wir müssen beständig unsre Gedanken aus unsrem Schmerz gebären und mütterlich ihnen Alles mitgeben, was wir von Blut, Herz, Feuer, Lust, Leidenschaft, Qual, Gewissen, Schicksal, Verhängniss in uns haben. Leben – das heisst für uns Alles, was wir sind, beständig in Licht und Flamme verwandeln, auch Alles, was uns trifft, wir können gar nicht anders. Und was die Krankheit angeht: würden wir nicht fast zu fragen versucht sein, ob sie uns überhaupt entbehrlich ist?« (KSA 3, 349f.)

In *Ecce homo* erklärt Nietzsche seine Philosophie im doppelten Sinne zum Produkt, zur Äußerung seines prekären Daseins:

»Ein typisch morbides Wesen kann nicht gesund werden, noch weniger sich selbst gesund machen; für einen typisch Gesunden kann umgekehrt Kranksein sogar ein energisches Stimulans zum Leben, zum Mehr-leben sein. So in der That erscheint mir jetzt jene lange Krankheits-Zeit: ich entdeckte das Leben gleichsam neu, mich selber eingerechnet, ich schmeckte alle guten und selbst kleinen Dinge, wie sie Andre nicht leicht schmecken könnten, – ich machte aus meinem Willen zur Gesundheit, zum Leben, meine Philosophie ... Denn man gebe Acht darauf: die Jahre meiner niedrigsten Vitalität waren es, wo ich aufhörte, Pessimist zu sein: der Instinkt der Selbst-Wiederherstellung verbot mir eine Philosophie der Armuth und Entmuthigung...« (Ecce homo, KSA 6, 266f.)

Die bisher erörterten Aspekte treffen hier zusammen: die Sensibilität in Nietzsches Denken, »ich schmeckte alle guten und selbst kleinen Dinge, wie sie Andre nicht leicht schmecken könnten«, und eine grundsätzliche Lebensbejahung, auf die die Krankheit sogar stimulierend wirkt. »Aus« beidem zusammen »macht« Nietzsche seine Philosophie. Die Formulierung läßt sich durchaus in zweifacher Bedeutung lesen: einmal als ›aus diesem Stoff machte ich ...‹ und einmal als ›deswegen, aus diesem Grund machte ich ...‹. Nietzsches Erläuterung ist eine nachträgliche Selbstauslegung: »So [...] erscheint mir jetzt jene lange Krankheitszeit [...]«. Und er legt Wert darauf, daß seine Philosophie nicht als Äußerung seiner Krankheit mißverstanden, sondern als Ausdruck der Selbstheilungskraft, der wiederholten Selbstüberwindung wahrgenommen wird.

Die Zeit, in der Nietzsche seine Philosophie »macht«, zu seinem eigenen philosophischen Ausdruck gelangt, wird durch einen Rückwärtsverweis konkretisiert. Die Passage bezieht sich, kenntlich durch die Formulierung »die Jahre meiner niedrigsten Vitalität«, auf die schon im vorangegangenen Abschnitt kommentierten Jahre um 1879, »den niedrigsten Punkt meiner Vitalität«, und als Werke, in denen er zu seiner Philosophie findet, erweisen sich *Menschliches, Allzumenschliches* und *Morgenröthe*.

Selbstbefreiungen

Konsequenterweise stellt Nietzsche im Kapitel »Warum ich so gute Bücher schreibe« *Menschliches, Allzumenschliches* als »Denkmal« einer Selbstüberwindung, Selbstbefreiung dar:

»›Menschliches, Allzumenschliches‹ ist das Denkmal einer Krisis. Es heisst sich ein Buch für freie Geister: fast jeder Satz darin drückt einen Sieg aus – ich habe mich mit demselben vom Unzugehörigen in meiner Natur freigemacht. [...] Der Name Voltaire auf einer Schrift von mir – das war wirklich ein Fortschritt – zu mir ...« (Ecce homo, KSA 6, 322)

Voltaire, dem Nietzsche *Menschliches, Allzumenschliches* widmet, steht für die Aufklärung, für das Ideal eines aufgeklärten Freigeistes. Zum »Unzugehörige[n]«, von dem sich Nietzsche mit dieser Schrift freimacht, gehört auch die Hoffnung, das Dasein durch ästhetischen Schein – so wie Nietzsche es nun versteht: durch Kunst, die zur Illusionskunst wird – erlösen zu können und zu wollen. In der Musik und dem Projekt der Bayreuther Festspiele Richard Wagners sah Nietzsche über Jahre die Chance zur Wiedergeburt einer Kunst, die das Leben ergreift, verwandelt und im Schein des Schönen vollendet. Der Name Voltaires, des Franzosen und Aufklärers, markiert Nietzsches Absage an Deutschtum und künstlerische, künstliche Illumination des Lebens und besiegelt darin auch den Bruch mit Wagner, den neben der Aufgabe der Basler Professur zweiten – und tieferen – persönlichen Einschnitt dieser Jahre. Und so kommt der Name Richard Wagners in *Menschliches, Allzumenschliches* auch gar nicht mehr vor.

»Was sich damals bei mir entschied, war nicht etwa ein Bruch mit Wagner – ich empfand eine Gesammt-Abirrung meines Instinkts, von der der einzelne Fehlgriff, heisse er nun Wagner oder Basler Professur, bloss ein Zeichen war. Eine Ungeduld mit mir überfiel mich; ich sah ein, dass es die höchste Zeit war, mich auf mich zurückzubesinnen.« (Ecce homo, KSA 6, 324)

Nietzsche begreift hier das Aufgeben der Professur und den Bruch mit Wagner als Selbstbefreiung von Fehlgriffen, die insgesamt Ausdruck der »Gesammt-Abirrung meines Instinktes«, seiner décadence waren.

In der nachgetragenen Vorrede zu *Menschliches, Allzumenschliches* beschreibt Nietzsche die philosophische »Unruhe« der Zeit der Selbstheilung und Selbstbefreiung, in der er sich vom Ideal der ästhetischen Daseinsveredelung verabschiedet und statt dessen das Bild des »Freien Geistes« zeichnet, dessen mutwilliges Umherschweifen und Infragestellen in der Passage beschrieben wird:

»Im Hintergrunde seines Treibens und Schweifens – denn er ist unruhig und ziellos unterwegs wie in einer Wüste – steht das Fragezeichen einer immer gefährlicheren Neugierde. ›Kann man nicht alle Werthe umdrehn? und ist Gut vielleicht Böse? Und Gott nur eine Erfindung und Feinheit des Teufels? Ist Alles vielleicht im letzten Grunde falsch? Und wenn wir Betrogene sind, sind wir nicht eben dadurch auch Betrüger? müssen wir nicht auch Betrüger sein?‹ – solche Gedanken führen und verführen ihn, immer weiter fort, immer weiter ab. Die Einsamkeit umringt und umringelt ihn, immer drohender, würgender, herzzuschnürender, jene furchtbare Göttin und mater saeva cupidinum – aber wer weiß es heute, was Einsamkeit ist? ...« (KSA 2, 17)

Nietzsches Selbstbefreiung führte – auch hinsichtlich seiner persönlichen Verhältnisse – in die Einsamkeit. Das unruhige Umherschweifen findet nicht nur in Gedanken statt. Nietzsche selbst ist in den Jahren nach 1879 ohne festen

Wohnsitz vorwiegend in Südfrankreich, in der Schweiz und in Italien unterwegs – auf der Suche nach Orten, die ihm zuträglich und seinem Denken förderlich sind.

Kleine Wahrheiten

Nietzsches »Wille zur Gesundheit, zum Leben«, aus dem er in diesen Jahren seine Philosophie »macht«, räumt mit aufklärerischer Geste im Namen einer »historische[n] Philosophie [...], welche gar nicht mehr getrennt von der Naturwissenschaft zu denken ist« (KSA 2, 23), sowohl mit religiös-metaphysischen als auch mit ästhetischen Illusionen auf:

»Es ist das Merkmal einer höhern Cultur, die kleinen unscheinbaren Wahrheiten, welche mit strenger Methode gefunden wurden, höher zu schätzen, als die beglückenden und blendenden Irrthümer, welche metaphysischen und künstlerischen Zeitaltern und Menschen entstammen.« (KSA 2, 25)

Die »kleinen unscheinbaren Wahrheiten«, von denen Nietzsche hier in *Menschliches, Allzumenschliches* spricht, korrespondieren den »guten und selbst kleinen Dinge[n], wie sie Andre nicht leicht schmecken könnten« (Ecce homo, KSA 6, 267), für die Nietzsche in seiner »Krankheits-Zeit« feinfühlig und sensibel geworden ist: Der Ausdruck »Wille zum Leben« – mehrsinnig wie so oft – kann auch verstanden werden als Entschluß, die tatsächlichen Details des Lebens zu betrachten und dadurch zu würdigen.

Den »kleinen unscheinbaren Wahrheiten« entspricht die Mitteilungsform, zu der Nietzsche in *Menschliches, Allzumenschliches* findet: kurze, knapp und elegant formulierte Textabschnitte, die einen vielschichtigen Gedanken verdichten und gleichzeitig pointenhaft aufblitzen lassen. Nietzsche entwickelt diese Form in den folgenden Schriften weiter. Sie wird in dieser Zeit zum zentralen Medium seines Denkens und seiner Mitteilung.

Insgesamt sind die »kleinen, unscheinbaren Wahrheiten«, welche Nietzsches aufklärendes Denken als »historische Philosophie« zu Tage fördert, nicht unzusammenhängend. In ihnen erweist sich, »dass der Mensch geworden ist, dass auch das Erkenntnissvermögen geworden ist« (KSA 2, 15). Wahrheiten und Illusionen, sogar das Phänomen ›Mensch‹ selbst, werden als Produkte eines Entstehungsprozesses begriffen. Auch das »Erkenntnisvermögen« bietet keinen Standpunkt außerhalb dieses Werdens und gewährt insbesondere keinen Zugang zu ewigen Wahrheiten.

Pessimismus, Nihilismus, Décadence

Ein letzter, aber wichtiger Aspekt in der Formulierung »aus meinem Willen zur Gesundheit, zum Leben, machte ich meine Philosophie« ist die Abgrenzung zur Philosophie Schopenhauers. Unterstützt wird diese Lesart durch das folgende »die Jahre meiner niedrigsten Vitalität waren es, wo ich aufhörte Pessimist zu sein« (Ecce homo, KSA 6, 267).

In einer eigenen frühen Formulierung wurde der junge Nietzsche in einer Zeit »zum Philosophen geboren« (BAW III, 300), in der er das Werk Schopenhauers für sich entdeckt. ›Die Welt als Wille und Vorstellung‹ – Schopenhauers Hauptwerk – wird zu einer prägenden Denkerfahrung. Aus dieser Perspektive ist die Welt ihrem inneren Wesen nach blinder Wille. Vom Treiben dieses Willens ist keine Erlösung möglich. Nur individuell gelingt unter Umständen eine Abkehr durch Askese und Verneinung des eigenen Lebenswillens – und die zeitweilige Erholung durch die Musik. Noch in den vor *Menschliches, Allzumenschliches* verfaßten *Unzeitgemäßen Betrachtungen* hat die Philosophie Schopenhauers einen Platz in Nietzsches Utopie einer Erneuerung der Kultur.

Nietzsches Selbstheilung, die ihn »das Leben gleichsam neu« entdecken läßt, geht nach seiner Auskunft einher mit dem Verlassen der pessimistischen Perspektive, die er mit dem Namen Schopenhauers verbindet. Insbesondere verwirft Nietzsche die Aburteilung des Lebens, dessen »Werth« nach Nietzsches Einsicht »nicht abgeschätzt werden kann«.

Nietzsche wird die Diskreditierung des Daseins im Namen der Religion, einer höheren Idee oder eines daseinsübersteigenden – transzendierenden – Denkens in den folgenden Jahren immer wieder untersuchen. Und er behandelt sie dabei als Symptom einer geschichtlich-kulturellen Krankheit, die er als Pessimismus, Christentum und Nihilismus, beziehungsweise deren komplexes Gesamtgefüge, identifizieren wird. Nimmt in den Aufzeichnungen des Nachlasses in den Jahren 1886/87 der Begriff ›Nihilismus‹ eine zentrale Rolle ein, so findet Nietzsche im Frühjahr 1888 einen neuen Ausdruck: »der Nihilismus ist keine Ursache, sondern nur die Logik der décadence« (NF, KSA 13, 264f.). In den nächsten Monaten baut er den Begriff »Décadence« soweit aus, daß dieser zur Ätiologie, zur Krankheitsursache wird, welche Pessimismus, Christentum oder Nihilismus gleichermaßen umfaßt.

»Brauche ich nach alledem, zu sagen, dass ich in Fragen der décadence erfahren bin? Ich habe sie vorwärts und rückwärts buchstabirt.« (Ecce homo, KSA 6, 265). Wenn sich Nietzsche im Kapitel »Warum ich so weise bin« als Décadent und dessen Gegensatz zu erkennen gibt, so ist das keine autobiographische Plauderei. Nietzsches Formulierung führt ins Zentrum seiner gerade aktuellen philosophischen Begrifflichkeit. Auch die folgenden Abschnitte des

Kapitels sind mehr als biographische Anekdoten und Selbstreflexionen. In ihnen skizziert Nietzsche komplementäre Züge seiner Persönlichkeit, die in diesen Lesehinweisen später und im Zusammenhang mit einer weiteren Selbstbezeichnung Nietzsches, seiner »dionysischen Natur«, erörtert werden sollen.

Schon jetzt aber wird deutlich, daß das Kapitel »Warum ich so weise bin« es unternimmt, einen Grund aufzuzeigen, welcher Nietzsches philosopische Perspektiven möglich macht. Dieser Grund ist – nach Nietzsches später Selbstauslegung – die vielfältige innere Verfassung seines Daseins. »Ich kenne Beides, ich bin Beides [décadent und Anfang]« (Ecce homo, KSA 6, 264).

Die »Casuistik der Selbstsucht«

Nietzsches Klugheit

Wachstumsbedingungen

»An dieser Stelle thut eine grosse Besinnung Noth. Man wird mich fragen, warum ich eigentlich alle diese kleinen und nach herkömmlichem Urtheil gleichgültigen Dinge erzählt habe; ich schade mir selbst damit, um so mehr, wenn ich grosse Aufgaben zu vertreten bestimmt sei. Antwort: diese kleinen Dinge Ernährung, Ort, Clima, Erholung, die ganze Casuistik der Selbstsucht – sind über alle Begriffe hinaus wichtiger als Alles, was man bisher wichtig nahm.« (Ecce homo, KSA 6, 295)

Eine »grosse Besinnung« am Ende des Kapitels »Warum ich so klug bin«: Nietzsche fingiert einen Einwand gegen das Kapitel, um diesem gleich darauf entgegenzutreten. Der Einwand richtet sich dagegen, daß in der Selbstdarstellung eines Menschen, der als seine Bestimmung vorgibt, »grosse Aufgaben zu vertreten«, ein ganzes Kapitel lang von Nebensächlichkeiten die Rede ist. Und schlimmer noch: Der Einwand lautet, daß Nietzsche sich mit einer solchen Selbstdarstellung selbst schade, indem er gewissermaßen von den »grossen Aufgaben« auf das Niveau billiger biographischer Plauderei absteige.

Nietzsches Entgegnung beginnt mit einer nochmaligen Zusammenfassung der Themen des Kapitels: »Ernährung, Ort, Clima, Erholung«. Der Aufbau dieser Themenliste vollzieht sich schon vorher. Fast pädagogisch markiert Nietzsche im Text den Übergang zum nächsten Thema durch eine Zusammenfassung der vorhergehenden. So heißt es am Beginn des zweiten Abschnittes: »Mit der Frage der Ernährung ist nächstverwandt die Frage nach Ort und Klima.« (Ecce homo, KSA 6, 281). Auch der dritte Abschnitt wird eingeleitet durch eine solche Zusammenfassung: »Die Wahl in der Ernährung; die Wahl von Klima und Ort; das Dritte, worin man um keinen Preis einen Fehlgriff thun darf, ist die Wahl seiner Art Erholung.« (Ecce homo, KSA 6, 284).

Schließlich führt – nach längeren Passagen zu Nietzsches Art der Erholung – der Übergang zum 8. Abschnitt die drei Themen unter einem gemeinsamen Stichwort zusammen:

»In Alledem – in der Wahl von Nahrung, von Ort und Klima, von Erholung – gebietet ein Instinkt der Selbsterhaltung, der sich als Instinkt der Selbstvertheidigung am unzweideutigsten ausspricht.« (Ecce homo, KSA 6, 291)

Dieser »Instinkt der Selbstvertheidigung« hat Methode. Zumindest im nachhinein liest Nietzsche aus seinem Leben Muster des ihm Förderlichen und stellt daraus im Kapitel »Warum ich so klug bin« eine »Casuistik der Selbstsucht« (Ecce homo, KSA 6, 295) zusammen. Kasuistik bezeichnet in der Ethik die Lehre bestimmter Einzelfälle und des in diesen Fällen moralisch richtigen Verhaltens. Auch Nietzsches »Casuistik der Selbstsucht« zielt auf den Einzelfall, auch wenn Moral als Maßstab für das richtige Verhalten nicht in Betracht kommt.

Die als »Casuistik der Selbstsucht« zusammengetragene Erfahrung bezieht sich auf kluge Wahl der Ernährung, des Ortes und Klimas sowie der Erholungen. Diese »kleinen und nach herkömmlichem Urtheil gleichgültigen Dinge« sind nach Nietzsches Einsicht entscheidend für das individuelle Gedeihen, für die optimale Entfaltung der individuellen Fähigkeiten:

»... Ganz anders interessirt mich eine Frage, an der mehr das ›Heil der Menschheit‹ hängt, als an irgend einer Theologen-Curiosität: die Frage der Ernährung. Man kann sie sich, zum Handgebrauch, so formuliren: ›wie hast gerade du dich zu ernähren, um zu deinem Maximum von Kraft, von Virtù [ital.: Tugend, Tüchtigkeit, Mannhaftigkeit] im Renaissance-Stile, von moralinfreier Tugend zu kommen?‹ –« (Ecce homo, KSA 6, 279)

»Wir Umgekehrten, die wir uns ein Auge und ein Gewissen für die Frage aufgemacht haben, wo und wie bisher die Pflanze ›Mensch‹ am kräftigsten in die Höhe gewachsen ist […]« (KSA 5, 61), so bezeichnet Nietzsche in *Jenseits von Gut und Böse* sich und die als Weggefährten erfundenen »freien Geister«. Derselbe Blick für das Gedeihen der »Pflanze ›Mensch‹« fällt auch auf die »kleinen Dinge«, von denen Nietzsche in »Warum ich so klug bin« erzählt. Allerdings geht es in *Ecce homo* um einen besonderen Einzelfall: um Nietzsches eigene Lebens- und Wachstumsbedingungen.

In der Formulierung von den ›kleinen Dingen‹ klingt deutlich noch ein weiteres Motiv an, die »guten und selbst kleinen Dinge« (Ecce homo, KSA 6, 267), die Nietzsche durch seine Krankheit würdigen und sehen lernte und deren Untersuchung in *Menschliches, Allzumenschliches* er als Durchbruch zu seiner eigenen Philosophie schildert. Hier wie dort werden diese unauffälligen Lebensumstände und -mittel gegen die großen Ideen, die Gott- und die Wahrheiten ausgespielt.

Nietzsches Entgegnung auf den fingierten Einwurf gegen die Behandlung »dieser kleinen und nach herkömmlichem Urtheil gleichgültigen Dinge« ist offensiv:

»Antwort: diese kleinen Dinge Ernährung, Ort, Clima, Erholung, die ganze Casuistik der Selbstsucht – sind über alle Begriffe hinaus wichtiger als Alles, was man bisher wichtig nahm. Hier gerade muss man anfangen, umzulernen. Das, was die Menschheit bisher ernsthaft erwogen hat, sind nicht einmal Realitäten, blosse Einbildungen, strenger geredet, Lügen aus den schlechten Instinkten kranker, im tiefsten Sinne schädlicher Naturen heraus alle die Begriffe ›Gott‹, ›Seele‹, ›Tugend‹, ›Sünde‹, ›Jenseits‹, ›Wahrheit‹, ›ewiges Leben‹… Aber man hat die Grösse der menschlichen Natur, ihre ›Göttlichkeit‹ in ihnen gesucht … Alle Fragen der Politik, der Gesellschafts-Ordnung, der Erziehung sind dadurch bis in Grund und Boden gefälscht, dass man die schädlichsten Menschen für grosse Menschen nahm, – dass man die ›kleinen‹ Dinge, will sagen die Grundangelegenheiten des Lebens selber verachten lehrte …« (Ecce homo, KSA 6, 295f.)

An dieser Stelle schließt sich ein Kreis: »Warum ich so klug bin« beginnt mit einer kurzen Antwort Nietzsches auf die Überschrift:

»– Warum ich Einiges mehr weiss? Warum ich überhaupt so klug bin? Ich habe nie über Fragen nachgedacht, die keine sind, – ich habe mich nicht verschwendet. –« (Ecce homo, KSA 6, 278)

Die Fragen, die keine sind, entsprechen den »bloßen Einbildungen«, gegen die Nietzsche auch am Ende des Abschnittes antritt und denen er die »kleinen Dinge« entgegensetzt, die der Entfaltung der individuellen Tüchtigkeit dienlich sind. Bevor Nietzsche zur Darstellung der Diät seines Lebens übergeht, beginnt er das Kapitel mit einer nun sehr persönlichen Absage an die »bloßen Einbildungen«. Nietzsche will sie aus persönlicher Erfahrung gar nicht kennen. Er distanziert sich von ihnen als Person:

»Eigentliche religiöse Schwierigkeiten zum Beispiel kenne ich nicht aus Erfahrung. Es ist mir gänzlich entgangen, in wiefern ich ›sündhaft‹ sein sollte. Insgleichen fehlt mir ein zuverlässiges Kriterium dafür, was ein Gewissensbiss ist: nach dem, was man darüber hört, scheint mir ein Gewissensbiss nichts Achtbares … Ich möchte nicht eine Handlung hinterdrein in Stich lassen, ich würde vorziehn, den schlimmen Ausgang, die Folgen grundsätzlich aus der Werthfrage wegzulassen. Man verliert beim schlimmen Ausgang gar zu leicht den richtigen Blick für Das, was man that: ein Gewissensbiss scheint mir eine Art ›böser Blick‹. Etwas, das fehlschlägt, um so mehr bei sich in Ehren halten, weil es fehlschlug – das gehört eher schon zu meiner Moral. – ›Gott‹, ›Unsterblichkeit der Seele‹, ›Erlösung‹, ›Jenseits‹ lauter Begriffe, denen ich keine Aufmerksamkeit, auch keine Zeit geschenkt habe, selbst als Kind nicht, – ich war vielleicht nie kindlich genug dazu? – Ich kenne den Atheismus durchaus nicht als Ergebniss, noch weniger als Ereigniss: er versteht sich bei mir aus Instinkt. Ich bin zu neugierig, zu fragwürdig, zu übermüthig, um mir eine faustgrobe Antwort gefallen zu lassen.

Gott ist eine faustgrobe Antwort, eine Undelicatesse gegen uns Denker –, im Grunde sogar bloss ein faustgrobes Verbot an uns: ihr sollt nicht denken! ...« (Ecce homo, KSA 6, 278f.)

Nietzsche gestaltet an dieser Stelle den Stoff seiner Biographie recht frei, um seine Ablehnung von Religion, Moral und metaphysischen Ideen deutlich zu machen. In den Memorabilia (Denkwürdigkeiten) seines Lebens, die er – philosophierend längst auf dem Weg zum aufgeklärten »freien Geist« – 1878 für sich notiert, wird die Rolle der Religion in seiner Kindheit noch etwas anders pointiert:

»Als Kind Gott im Glanze gesehn. – Erste philosophische Schrift über die Entstehung des Teufels (Gott denkt sich selbst, dies kann er nur durch Vorstellung seines Gegensatzes). Schwermüth⟨iger⟩ Nachmittag – Gottesdienst in der Capelle zu Pforta, ferne Orgeltöne.
Als Verwandter von Pfarrern früher Einblick in geistige und seelische Beschränktheit Tüchtigkeit Hochmuth Decorum« (NF, KSA 8, 505)

Die Distanzierung von seiner protestantisch geprägten familiären Umgebung – schon spürbar in der ›philosophischen‹ Behandlung der Entstehung des Teufels und im kritischen Blick hinter die Kulissen des Pfarrhauses – wird in *Ecce homo* gezielt vervollständigt: »Ich kenne den Atheismus durchaus nicht als Ergebniss, noch weniger als Ereigniss: er versteht sich bei mir aus Instinkt.« (Ecce homo, KSA 6, 278).

Geschmack als Selbstverteidigung

Den wählerischen Instinkt, der Nietzsche von religiösen Überzeugungen und Moralität Abstand nehmen ließ, beschreibt er in »Warum ich so klug bin« als besondere Form der Selbstverteidigung.

»Vieles nicht sehn, nicht hören, nicht an sich herankommen lassen – erste Klugheit, erster Beweis dafür, dass man kein Zufall, sondern eine Necessität [Notwendigkeit] ist. Das gangbare Wort für diesen Selbstvertheidigungs-Instinkt ist Geschmack. Sein Imperativ befiehlt nicht nur Nein zu sagen, wo das Ja eine ›Selbstlosigkeit‹ sein würde, sondern auch sowenig als möglich Nein zu sagen. Sich trennen, sich abscheiden von dem, wo immer und immer wieder das Nein nöthig werden würde.« (Ecce homo, KSA 6, 292)

Der Geschmack wird zum zentralen Organ der »Casuistik der Selbstsucht«. Deren zentrale Frage an den Einzelfall »›wie hast grade du dich zu ernähren, um zu Deinem Maximum von Kraft [...] zu kommen?‹« – ergänzt um die analoge Frage nach Lebensmitteln im allgemeinen Sinne: nach günstigen Lebensumständen und Entfaltungsbedingungen – wird durch den Geschmackssinn beantwortet.

Geschmack ist Selbstverteidigung und Selbsterhaltung genau in dem Sinne, daß er die im Einzelfall also individuell angemessene Wahl bestimmt und dadurch die Grenze zwischen Selbst und Anderem zieht. Hier spricht Nietzsche allerdings vom Geschmack an seiner Quelle. Ursprung und Quelle dieses primären Geschmacks ist der Einzelfall, das Individuum. Allgemeine Geschmacksurteile sind, wie an einem Gedankengang aus der *Fröhlichen Wissenschaft* deutlich wird, Sekundäreffekte:

»Veränderter Geschmack. – Die Veränderung des allgemeinen Geschmackes ist wichtiger, als die der Meinungen; Meinungen mit allen Beweisen, Widerlegungen und der ganzen intellectuellen Maskerade sind nur Symptome des veränderten Geschmacks und ganz gewiss gerade Das nicht, wofür man sie noch so häufig anspricht, dessen Ursachen. Wie verändert sich der allgemeine Geschmack? Dadurch, dass Einzelne, Mächtige, Einflussreiche ohne Schamgefühl ihr hoc est ridiculum, hoc est absurdum, also das Urtheil ihres Geschmacks und Ekels, aussprechen und tyrannisch durchsetzen: – sie legen damit Vielen einen Zwang auf, aus dem allmählich eine Gewöhnung noch

Mehrerer und zuletzt ein Bedürfniss Aller wird. Dass diese Einzelnen aber anders empfinden und ›schmecken‹, das hat gewöhnlich seinen Grund in einer Absonderlichkeit ihrer Lebensweise, Ernährung, Verdauung, vielleicht in einem Mehr oder Weniger der anorganischen Salze in ihrem Blute und Gehirn, kurz in der Physis: sie haben aber den Muth, sich zu ihrer Physis zu bekennen und deren Forderungen noch in ihren feinsten Tönen Gehör zu schenken: ihre ästhetischen und moralischen Urtheile sind solche ›feinste Töne‹ der Physis.« (KSA 3, 406f.)

Körper und individueller Stoffwechsel, die gesamte Physis eines Einzelnen, sind danach der Ursprung des Geschmacks. Als feines Gespür für die angemessenen Lebensumstände liefert dieser die Grundlage selbst für Werturteile ethischer oder ästhetischer Art – für die Bewertung des Handelns oder der Schönheit.

Insofern sich Bedürfnisse der Körperlichkeit und des Stoffwechsels im primären Geschmack ausdrücken, ist Geschmack jener »Selbstvertheidigungs-Instinkt«, von dem Nietzsche in *Ecce homo* spricht. Durch Geschmack kommt ein Individuum zu sich selbst, indem individuell Zuträgliches von Unzuträglichem und Zugehöriges von Unzugehörigem geschieden werden.

Ein Rezept zum Untergang

Die Pointe des Kapitels »Warum ich so klug bin« besteht nun darin, daß Nietzsche den Untertitel des *Ecce homo* – »Wie man wird, was man ist« – mit dieser instinktmäßigen, geschmacksgesteuerten »Kunst der Selbsterhaltung« verknüpft.

»An dieser Stelle ist nicht mehr zu umgehn die eigentliche Antwort auf die Frage, wie man wird, was man ist, zu geben. Und damit berühre ich das Meisterstück in der Kunst der Selbsterhaltung – der Selbstsucht ...« (Ecce homo, KSA 6, 293)

Selbstsucht bekommt hier sofort den doppelten Sinn, einer Suche nach oder eines Wegs zu sich, wenn Nietzsche im folgenden betont: »Dass man wird, was man ist, setzt voraus, dass man nicht im Entferntesten ahnt was man ist«. Diese Ahnungslosigkeit ist aber nicht bloß als Anfangspunkt eines Wegs zu sich selbst vorauszusetzen, sondern – Nietzsches Einsicht nach – eine über weite Strecken notwendige Bedingung dafür, diesen Weg nicht zu verfehlen:

»Angenommen nämlich, dass die Aufgabe, die Bestimmung, das Schicksal der Aufgabe über ein durchschnittliches Maass bedeutend hinausliegt, so würde keine Gefahr grösser als sich selbst mit dieser Aufgabe zu Gesicht zu bekommen. Dass man wird, was man ist, setzt voraus, dass man nicht im Entferntesten ahnt, was man ist. Aus diesem Gesichtspunkte haben selbst die Fehlgriffe des Lebens ihren eignen Sinn und Werth, die zeitweiligen Nebenwege und Abwege, die Verzögerungen, die ›Bescheidenheiten‹, der Ernst, auf Aufgaben verschwendet, die jenseits der Aufgabe liegen.« (Ecce homo, KSA 6, 293)

Nietzsches Argumentation überrascht. Schließlich ist es nach üblichem Verständnis nützlich, bei der Wegsuche sein Ziel zu kennen. Andererseits deutet die merkwürdige Formulierung »Wie man wird, was man ist« an, daß das Ziel immer schon anwesend ist – »man ist« schon, was »man wird«.

Vor allem aber geht es eben nicht darum, zu *erkennen*, was man ist. Nietzsches *Ecce homo* beschreibt keinen Weg der Selbsterkenntnis. Statt dessen geht es um das Lösen einer »Aufgabe«, die Erfüllung einer »Bestimmung«.

»Γνῶθι σεαυτόν [*gnōthi seauton*]« – Erkenne Dich selbst –, eingemeißelt am Orakel-Heiligtum des Apollon in Delphi, wurde zu einem Leitsatz für die von Griechenland ausgehende abendländische Philosophie. Nietzsche nennt diese Aufforderung (in lateinischer Übersetzung: »nosce te ipsum«) dagegen ein »Rezept zum Untergang«:

»Darin [in den Fehlgriffen des Lebens] kann eine grosse Klugheit, sogar die oberste Klugheit zum Ausdruck ⟨kommen⟩: wo nosce te ipsum das Recept zum Untergang wäre, wird Sich-Vergessen, Sich-Missverstehn, Sich-Verkleinern, -Verengern, -Vermittelmässigen zur Vernunft selber. Moralisch ausgedrückt: Nächstenliebe, Leben für Andere und Anderes kann die Schutzmassregel zur Erhaltung der härtesten Selbstigkeit sein. Dies ist der Ausnahmefall, in welchem ich, gegen meine Regel und Überzeugung, die Partei der ›selbstlosen‹ Triebe nehme: sie arbeiten hier im Dienste der Selbstsucht, Selbstzucht. –« (Ecce homo, KSA 6, 293f.)

Schon in der *Morgenröthe* stellt Nietzsche unter der Überschrift »Die sogenannte Welt des ›Subjekts‹« fest, daß der Zusammenhang von Einsicht und Handeln ein theoretisches Vorurteil ist. Aus Erkenntnis folgt nicht notwendigerweise richtiges Handeln, Selbsterkenntnis trägt darum zum Erfüllen der eigenen »Bestimmung« nicht unbedingt bei:

»Sokrates und Plato [...] waren doch harmlos gläubig in Betreff jenes verhängnissvollsten Vorurtheils, jenes tiefsten Irrthums, dass ›der richtigen Erkenntniss die richtige Handlung folgen müsse‹, – sie waren in diesem Grundsatze immer noch die Erben des allgemeinen Wahnsinns und Dünkels: dass es ein Wissen um das Wesen einer Handlung gebe. ›Es wäre ja schrecklich, wenn der Einsicht in das Wesen der rechten That nicht die rechte That folgte‹, – diess ist die einzige Art, wie jene Grossen diesen Gedanken zu beweisen für nöthig hielten, das Gegentheil schien ihnen undenkbar und toll – und doch ist diess Gegentheil gerade die nackte, seit Ewigkeiten täglich und stündlich bewiesene Wirklichkeit! [...]« (KSA 3, 108f.)

Der fehlende Zusammenhang zwischen Erkenntnis und Handlung erklärt zwar die Nutzlosigkeit, nicht aber die Schädlichkeit der Selbsterkenntnis für den Versuch, zu werden, was man ist. Nietzsches Text in *Ecce homo* suggeriert als Grund ein Erschrecken vor der Größe der »Aufgabe«: »[...] so würde keine Gefahr grösser als sich selbst mit dieser Aufgabe zu Gesicht zu bekommen«. Eine solche Interpretation schießt aber – auch angesichts fehlender ausdrücklicher Belege – über das Ziel hinaus.

Die Aussage ist zunächst schlichter: Selbsterkenntnis ist schädlich, weil sie zu störenden Forderungen an sich selbst führt. Nicht dadurch, daß man sich ständig vor Augen hält, was man eigentlich sein soll, wird man zu dem, was man ist. Demnach geht es zunächst darum, störende Forderungen, Imperative zu vermeiden: »Man muss die ganze Oberfläche des Bewusstseins – Bewusstsein ist eine Oberfläche – rein erhalten von irgend einem der grossen Imperative.« (Ecce homo, KSA 6, 294).

Selbstverfehlungen

Nietzsches Einschub »– Bewußtsein ist eine Oberfläche –« führt jedoch noch auf eine weitere und weit radikalere Begründung der Schädlichkeit von Selbsterkenntnis. In dem 1887 hinzugekommenen fünften Buch der *Fröhlichen Wissenschaft* widmet Nietzsche einen Abschnitt dem »Problem des Bewusstseins« (KSA 3, 590f.) Zunächst stellt er darin die Entbehrlichkeit von Bewußtsein fest:

»Das ganze Leben wäre möglich, ohne dass es sich gleichsam im Spiegel sähe: wie ja thatsächlich auch jetzt noch bei uns der bei weitem überwiegende Theil dieses Lebens sich ohne diese Spiegelung abspielt –, und zwar auch unsres denkenden, fühlenden, wollenden Lebens, so beleidigend dies einem älteren Philosophen klingen mag.« (KSA 3, 590)

Angesichts dieser Überflüssigkeit stellt sich die Frage danach, weshalb Bewußtsein entstand. Und Nietzsche entwirft probehalber – »wenn man meiner Antwort auf diese Frage und ihrer vielleicht ausschweifenden Vermuthung Gehör geben will« – eine bemerkenswerte Erklärung: Bewußtsein ist danach ein Hilfsmittel der Mitteilung. Das »gefährdetste Thier« – der Mensch – benötigt die Hilfe anderer. Um diese erhalten zu können, »musste [er] seine Noth auszudrücken, sich verständlich zu machen wissen – und zu dem Allen hatte er zuerst ›Bewusstsein‹ nöthig, also selbst zu ›wissen‹ was ihm fehlt, zu ›wissen‹, wie es ihm zu Muthe ist, zu ›wissen‹, was er denkt« (KSA 3, 591f.). Nietzsches Erklärung geht also davon aus, daß »Bewusstsein überhaupt sich nur unter dem Druck des Mittheilungs-Bedürfnisses entwickelt hat« (KSA 3, 591). In diesem Zusammenhang klärt sich auch die Bezeichnung des Bewußtseins als »Oberfläche« – es ist der mitteilungsfähige Bruchteil eines vorbewußten Lebens und Denkens:

»Denn nochmals gesagt: der Mensch, wie jedes lebende Geschöpf, denkt immerfort, aber weiss es nicht; das bewusst werdende Denken ist nur der kleinste Theil davon, sagen wir: der oberflächlichste, der schlechteste Theil: – denn allein dieses bewusste Denken geschieht in Worten, das heisst in Mittheilungszeichen, womit sich die Herkunft des Bewusstseins selber aufdeckt. Kurz gesagt, die Entwicklung der Sprache und die Entwicklung des Bewusstseins (nicht der Vernunft, sondern allein des Sichbewusst-werdens der Vernunft) gehen Hand in Hand. [...] Der Zeichen-erfindende Mensch ist zugleich der immer schärfer seiner selbst bewusste Mensch; erst als sociales Thier lernte der Mensch seiner selbst bewusst werden, – er thut es noch, er thut es immer mehr. – Mein Gedanke ist, wie man sieht: dass das Bewusstsein nicht eigentlich zur Individual-Existenz des Menschen gehört, vielmehr zu dem, was an ihm Gemeinschafts- und Heerden-Natur ist; [...] dass folglich Jeder von uns, beim besten Willen, sich selbst so individuell wie möglich zu verstehen, ›sich selbst zu kennen‹, doch immer nur gerade das Nicht-Individuelle an sich zum Bewusstsein bringen wird, sein ›Durchschnittliches‹«. (KSA 3, 592)

Die Mitteilung, die durch verallgemeinernde Ausdrucksmittel notwendigerweise das Besondere verfehlt, steht im Zentrum. Dadurch, daß Nietzsche hier das Bewußtsein direkt von der Notwendigkeit zur Mitteilung ableitet, greift das Mißverstehen des Individuellen auch auf das Selbstverständnis eines Menschen über. Nicht Individualität, sondern nur »›Durchschnittliches‹« dringt ins Bewußtsein vor.

Es gibt demnach einen weiteren Grund, warum eine Selbsterkenntnis schädlich ist, die dem Ziel dient, zu werden, was man ist. Der Grund liegt darin, »dass Alles, was bewusst wird, ebendamit flach, dünn, relativ-dumm, generell, Zeichen, Heerden-Merkzeichen wird, dass mit allem Bewusstwerden eine grosse gründliche Verderbniss, Fälschung, Veroberflächlichung und Generalisation verbunden ist« (ebd.). Selbsterkenntnis ist das »Rezept zum Untergang« bei einer »Aufgabe« und »Bestimmung«, die Ausdruck unverwechselbarer Individualität ist. Gerade darum würde die stets generalisierende Selbsterkenntnis diese Bestimmung verfehlen.

»Unsre Handlungen sind im Grunde allesammt auf eine unvergleichliche Weise persönlich, einzig, unbegrenzt-individuell, es ist kein Zweifel; aber sobald wir sie in's Bewusstsein übersetzen, scheinen sie es nicht mehr...« (KSA 3, 593)

Wie wird man, was man ist? Nietzsches Antwort auf den Untertitel des *Ecce homo* besteht im Grunde darin, zu sagen: Man läßt es geschehen. Diese Antwort aber setzt voraus, daß Individualität ihren Platz nicht im Selbstbewußtsein hat, sondern sich durch Lebensäußerungen manifestiert. Die Antwort stellt gleichzeitig radikal die Möglichkeit in Frage, einen Menschen – ja sich selbst – zu verstehen, da Mitteilung und Verständnis das Besondere des Einzelnen nivellieren.

Nietzsches auf den ersten Blick einfache Antwort impliziert schließlich, daß sich die Entwicklung eines Menschen seiner Selbsterkenntnis und damit auch der bewußten Kontrolle entzieht. Sie vollzieht sich unterhalb der Oberfläche des Bewußtseins. Nietzsche dementiert dadurch gleichzeitig, daß dem Bewußtsein, in dessen Helle sich die Welt und das Selbst zu spiegeln scheinen, die Rolle eines kontrollierenden und kommandierenden Subjekts zufällt.

»Man muss die ganze Oberfläche des Bewusstseins – Bewusstsein ist eine Oberfläche – rein erhalten von irgend einem der grossen Imperative. Vorsicht selbst vor jedem grossen Worte, jeder grossen Attitüde! Lauter Gefahren, dass der Instinkt zu früh ›sich versteht‹ –– Inzwischen wächst und wächst die organisirende, die zur Herrschaft berufne ›Idee‹ in der Tiefe, – sie beginnt zu befehlen, sie leitet langsam aus Nebenwegen und Abwegen zurück, sie bereitet einzelne Qualitäten und Tüchtigkeiten vor, die einmal als Mittel zum Ganzen sich unentbehrlich erweisen werden, – sie bildet der Reihe nach alle dienenden Vermögen aus, bevor sie irgend Etwas von der dominirenden Aufgabe, von ›Ziel‹, ›Zweck‹, ›Sinn‹ verlauten lässt. –« (Ecce homo, KSA 6, 294)

Wie man wird, was man ist: Höchst aufschlußreich ist, was Nietzsche aus sich werden ließ: kein Subjekt aus einem Guß mit eindeutigen Charakterzügen, statt dessen eine »ungeheure Vielheit«, eine »Rangordnung« von Fähigkeiten, innere »Distanz«. In diesem multiplexen Individuum bestehen Gegensätze, ohne sich auszulöschen. Und das Aushalten dieser Spannung macht Nietzsches »Kunst zu trennen, ohne zu verfeinden«, seine differenzierten Perspektiven möglich.

»Nach dieser Seite hin betrachtet ist mein Leben einfach wundervoll. Zur Aufgabe einer Umwerthung der Werthe waren vielleicht mehr Vermögen nöthig, als je in einem Einzelnen bei einander gewohnt haben, vor Allem auch Gegensätze von Vermögen, ohne dass diese sich stören, zerstören durften. Rangordnung der Vermögen; Distanz; die Kunst zu trennen, ohne zu verfeinden; Nichts vermischen, Nichts ›versöhnen‹; eine ungeheure Vielheit, die trotzdem das Gegenstück des Chaos ist – dies war die Vorbedingung, die lange geheime Arbeit und Künstlerschaft meines Instinkts. Seine höhere Obhut zeigte sich in dem Maasse stark, dass ich in keinem Falle auch nur geahnt habe, was in mir wächst, – dass alle meine Fähigkeiten plötzlich, reif, in ihrer letzten Vollkommenheit eines Tags hervorsprangen.« (Ecce homo, KSA 6, 294)

Streifzüge

Ernährung

»Ganz anders interessirt mich eine Frage, an der mehr das ›Heil der Menschheit‹ hängt, als an irgend einer Theologen-Curiosität: die Frage der Ernährung« (Ecce homo, KSA 6, 279). Mit dieser Formulierung beginnt Nietzsche plaudernd-assoziativ seine Lebensumstände zu durchstreifen.

Es ist sinnvoll, hier längere Passagen des *Ecce homo* in einem durchgängigen Streifzug zu erkunden – und nur am Rande zu kommentieren. Nur so kommt der plaudernde, kurzweilige Stil dieser Texte zur Geltung, und nur so läßt sich der schnelle Wechsel von biographischem Bericht, inhaltlicher Assoziation und Kommentar erfahren.

Die erste dieser Passagen betrifft die Wahl der Lebensmittel im engeren Sinn. Anfangs stellt Nietzsche fest, daß er sehr spät erst zu einer ihm zuträglichen Ernährung gefunden hat, und erklärt dieses Versäumnis mit der »vollkommne[n] Nichtswürdigkeit unserer deutschen Bildung – ihr[em] ›Idealismus‹«. Es ist der – hier gegen das Bildungsideal und die Bildungspraxis seiner Jugend wiederholte – Vorwurf, hohle Ideale den gehaltvollen »kleinen Dingen« vorzuziehen. Nietzsche streift in der Passage Lebensumstände: Naumburg, den Wohnort seiner Familie nach dem Tod des Vaters, Schulpforta, seine Internatsschule, dann Leipzig, Studienstadt ab 1865 und Ort seiner ersten und prägenden Schopenhauerlektüre, schließlich nennt er bevorzugte Quartiere der achtziger Jahre: Sils (d. h. Sils Maria im Engadin), Nizza und Turin (Piemont).

Hier, wie fast durchgehend in *Ecce homo*, nutzt Nietzsche jede sich bietende Gelegenheit zur deutlichen Distanzierung von deutschem Nationalismus, von der zeitgenössischen – und nicht nur zeitgenössischen – deutschen

Kultur, ja von Deutschland als politischem und geographischem Gebilde. Anmerkungen, Erinnerungen und Seitenhiebe sind locker eingebunden in die Erörterung zuträglicher Eß- und Trinkgewohnheiten.

»Meine Erfahrungen sind hier so schlimm als möglich; ich bin erstaunt, diese Frage so spät gehört, aus diesen Erfahrungen so spät ›Vernunft‹ gelernt zu haben. Nur die vollkommne Nichtswürdigkeit unsrer deutschen Bildung – ihr ›Idealismus‹ – erklärt mir einigermaassen, weshalb ich gerade hier rückständig bis zur Heiligkeit war. Diese ›Bildung‹, welche von vornherein die Realitäten aus den Augen verlieren lehrt, um durchaus problematischen, sogenannten ›idealen‹ Zielen nachzujagen, zum Beispiel der ›klassischen Bildung‹: – als ob es nicht von vornherein verurtheilt wäre, ›klassisch‹, und ›deutsch‹ in Einen Begriff zu einigen! Mehr noch, es wirkt erheiternd, – man denke sich einmal einen ›klassisch gebildeten‹ Leipziger! – In der That, ich habe bis zu meinen reifsten Jahren immer nur schlecht gegessen, – moralisch ausgedrückt ›unpersönlich‹, ›selbstlos‹, ›altruistisch‹, zum Heil der Köche und andrer Mitchristen. Ich verneinte zum Beispiel durch Leipziger Küche, gleichzeitig mit meinem ersten Studium Schopenhauer's (1865), sehr ernsthaft meinen ›Willen zum Leben‹. Sich zum Zweck unzureichender Ernährung auch noch den Magen verderben – dies Problem schien mir die genannte Küche zum Verwundern glücklich zu lösen. (Man sagt, 1866 habe darin eine Wendung hervorgebracht –.) Aber die deutsche Küche überhaupt – was hat sie nicht Alles auf dem Gewissen! Die Suppe vor der Mahlzeit (noch in Venetianischen Kochbüchern des 16. Jahrhunderts alla tedesca genannt); die ausgekochten Fleische, die fett und mehlig gemachten Gemüse; die Entartung der Mehlspeise zum Briefbeschwerer! Rechnet man gar noch die geradezu viehischen Nachguss-Bedürfnisse der alten, durchaus nicht bloss alten Deutschen dazu, so versteht man auch die Herkunft des deutschen Geistes – aus betrübten Eingeweiden ... Der deutsche Geist ist eine Indigestion [(franz.) indegestion: Verdauungsstörung], er wird mit Nichts fertig. – Aber auch die englische Diät, die, im Vergleich mit der deutschen, selbst der französischen, eine Art ›Rückkehr zur Natur‹, nämlich zum Canibalismus ist, geht meinem eignen Instinkt tief zuwider; es scheint mir, dass sie dem Geist schwere Füsse giebt – Engländerinnen-Füsse ... Die beste Küche ist die Piemont's. – Alkoholika sind mir nachtheilig; ein Glas Wein oder Bier des Tags reicht vollkommen aus, mir aus dem Leben ein ›Jammerthal‹ zu machen, – in München leben meine Antipoden. Gesetzt, dass ich dies ein wenig spät begriff, erlebt habe ich's eigentlich von Kindesbeinen an. Als Knabe glaubte ich, Weintrinken sei wie Tabakrauchen anfangs nur eine Vanitas [(lat.) vanitas: Prahlerei, Eitelkeit aber auch Schein, Lüge] junger Männer, später eine schlechte Gewöhnung. Vielleicht, dass an diesem herben Urtheil auch der Naumburger Wein mit schuld ist. Zu glauben, dass der Wein erheitert, dazu müsste ich Christ sein, will sagen glauben, was gerade für mich eine Absurdität ist. Seltsam genug, bei dieser extremen Verstimmbarkeit durch kleine, stark verdünnte Dosen Alkohol, werde ich beinahe zum Seemann, wenn es sich um starke Dosen handelt. Schon als Knabe hatte ich hierin meine Tapferkeit. Eine lange lateinische Abhandlung in Einer Nachtwache niederzuschreiben und auch noch abzuschreiben, mit dem Ehrgeiz in der Feder, es meinem Vorbilde Sallust [C. Sallustius Crispus (86 v. Chr. – ca. 35 n. Chr.), römischer Tribun und Schriftsteller] in Strenge und Gedrängtheit nachzuthun und einigen Grog von schwerstem Kaliber über mein Latein zu giessen, dies stand schon, als ich Schüler der ehrwürdigen Schulpforta war, durchaus nicht im Widerspruch zu meiner Physiologie, noch vielleicht auch zu der des Sallust wie sehr auch immer zur ehrwürdigen Schulpforta ... Später, gegen die Mitte des Lebens hin, entschied ich mich freilich immer strenger gegen jedwedes ›geistige‹ Getränk: ich, ein Gegner des Vegetarierthums aus Erfahrung, ganz wie Richard Wagner, der mich bekehrt hat, weiss nicht ernsthaft genug die unbedingte Enthaltung von Alcoholicis allen geistigeren Naturen anzurathen. Wasser thut's ... Ich ziehe Orte vor, wo man überall Gelegenheit hat, aus fliessenden Brunnen zu schöpfen (Nizza, Turin, Sils); ein kleines Glas läuft mir nach wie ein Hund. In vino veritas: es scheint, dass ich auch hier wieder über den Begriff ›Wahrheit‹ mit aller Welt uneins bin: – bei mir schwebt der Geist über dem Wasser ... Ein paar Fingerzeige noch aus meiner Moral. Eine starke Mahlzeit ist leichter zu verdauen als eine zu kleine. Dass der Magen als Ganzes in Thätigkeit tritt, erste Voraussetzung einer guten Verdauung. Man muss die Grösse seines Magens kennen. Aus gleichem Grunde sind jene langwierigen Mahlzeiten zu widerrathen, die ich unterbrochne Opferfeste nenne, die an der table d'hôte. – Keine Zwischenmahlzeiten, keinen Café: Café verdüstert. Thee nur morgens zuträglich. Wenig, aber energisch; Thee sehr nachtheilig und den ganzen Tag ankränkelnd, wenn er nur um einen Grad zu schwach ist. Jeder hat hier sein Maass, oft zwischen den engsten und delikatesten Grenzen. In einem sehr agaçanten [(franz.) agaçant: herausfordernd] Klima ist Thee als Anfang unräthlich: man soll eine Stunde vorher eine Tasse dicken entölten Cacao's den Anfang machen lassen. – So wenig als möglich sitzen; keinem Gedanken Glauben schenken, der nicht im Freien geboren ist und bei freier Bewegung, in dem nicht auch die Muskeln ein Fest feiern. Alle Vorurtheile kommen aus den Eingeweiden. – Das Sitzfleisch – ich sagte es schon einmal – die eigentliche Sünde wider den heiligen Geist.« (Ecce homo, KSA 6, 279ff.)

»So wenig als möglich sitzen;« – plötzlich und unerwartet verläßt Nietzsche Fragen der Ernährung, um die körperliche Bewegung als Vorbedingung der Freisetzung glaubwürdiger Gedanken zu bezeichnen. Immerhin bleibt eine lockere assoziative Verknüpfung mit Angelegenheiten der Verdauung: »Alle Vorurtheile kommen aus den Eingeweiden.« Die Stelle ist bezeichnend: Sie belegt, daß nicht das Thema ›Ernährung‹ das inhaltliche Zentrum des Abschnittes ist, sondern der ›heilige Geist‹, das Denken.

Natürlich ist die Formulierung an dieser Stelle theologisch vorgeprägt. Genau wie hier setzt Nietzsche auch an einer anderen Stelle sinngemäß sein Denken in eine Formulierung ein, in der ursprünglich vom Geist Gottes die Rede war: »bei mir schwebt der Geist über dem Wasser« enthält ein Zitat aus den Anfangssätzen der Bibel (vgl. 1 Mose 1,2). Die antichristliche Ausrichtung, die hier in den Details des Textes steckt, spricht Nietzsche auch offen aus: »zu glauben, daß Wein erheitert« – der im christlichen Abendmahl eine sakramentale Rolle spielt –, »dazu müßte ich Christ sein, will sagen glauben, was gerade für mich eine Absurdität ist«.

Ein weiteres nicht bloß biographisch interessantes Detail ist, daß es tatsächlich Richard Wagner war, der Nietzsche – wie er hier berichtet – davon abbrachte, sich vegetarisch zu ernähren. Bestätigt wird diese kurze Bemerkung sowohl in den Tagebüchern Cosima Wagners als auch in Nietzsches Korrespondenz jener Zeit. Nietzsche notiert das biographische Detail völlig zutreffend, seine biographischen Auskünfte in *Ecce homo* sind insgesamt genauer und authentischer, als es zunächst den Anschein haben mag. Wichtig an diesem Detail ist aber auch, daß Nietzsches brieflicher Bericht zu dieser Begebenheit vom 28. September 1879 belegt, daß er sich schon damals – angestoßen durch Wagners Einwand gegen seine vegetarische Diät – eine Auswirkung der Ernährung auf die Lebenseinstellung und das Denken unterstellt.

»Ich verlebe wieder ein paar Tage bei einem, der jahrelang diese Abstinenz [die vegetarische Ernährung] geübt hat und davon reden darf, nämlich bei Richard Wagner. Und er hat mir, nicht ohne wärmste Betheiligung des Gemüths und mit kräftiger Ansprache, alle die inneren Verkehrtheiten jener Theorie und Praxis vorgeführt. Das wichtigste für mich ist, daß hier wieder ein Stück jenes Optimismus mit Händen zu greifen ist, der [...] unter unzähligen Formen immer wieder auftaucht; als ob nämlich mit Beseitigung einer sündhaft-unnatürlichen Erscheinung das Glück und die Harmonie hergestellt sei. [...] Ebenfalls ist mir klar, daß eine zeitweilige Enthaltsamkeit von Fleisch, aus diätetischen Gründen, äusserst nützlich ist. Aber warum, um mit Göthe zu reden, daraus ›Religion machen‹? Dies liegt aber in allen solchen Absonderlichkeiten unvermeidlich eingeschlossen, und wer erst für Pflanzenkost reif ist, ist es meist auch für sozialistisches ›Allerlei‹« (An Carl von Gersdorff, 28.9.1869; KSB 3, 57f.)

Klima und Ort

Der Streifzug durch längere Textpassagen des Kapitels läßt sich im Abschnitt zur Wahl von Klima und Ort fortsetzen. Anfangs betont Nietzsche die Bedeutung dieser Wahl: die Lösung einer großen Aufgabe kann hier – nach seiner Darstellung – vollkommen vereitelt werden durch einen Mißgriff. Auch in diesem Abschnitt wird deutlich, daß es Nietzsche um Bedingungen für das Gelingen von »Geist«, von lebendigem Denken geht. Nietzsche verweist auf die physiologischen, also den Stoffwechsel betreffenden, Einflüsse von Ort und Klima, um anschließend »Geist« unter seinen Begriff von Stoffwechsel zu subsumieren: »›Geist‹ selbst ist ja nur eine Art dieses Stoffwechsels«. Diese pointierte Formulierung deckt sich mit dem Ansatz, Denken als Lebenszeichen – als Symptom zu verstehen.

Wieder nutzt Nietzsche die Gelegenheit zur Distanzierung vom Deutschen: ›deutsch‹ und ›mittelmäßig‹ werden zu Synonymen.

Die Liste der Orte und Lebensumstände verlängert sich um Basel: »Naumburg, Schulpforta, Thüringen überhaupt, Leipzig, Basel – ebenso viele Unglücks-Orte für meine Physiologie«. Analog zur jahrelang verfehlten Ernährung gibt Nietzsche hier hinsichtlich der Ortswahl an, zunächst deplaziert gewesen zu sein, und auch hier macht er den vorherrschenden »Idealismus« verantwortlich dafür. Der Fehlgriff geht jedoch über die Ortswahl hinaus: als Fehlgriff erweist sich auch die Tätigkeit im Dienst der Philologie, Nietzsches Basler Professur.

»[...] Es steht Niemandem frei, überall zu leben; und wer grosse Aufgaben zu lösen hat, die seine ganze Kraft herausfordern, hat hier sogar eine sehr enge Wahl. Der klimatische Einfluss auf den Stoffwechsel, seine Hemmung, seine Beschleunigung, geht so weit, dass ein Fehlgriff in Ort und Klima jemanden nicht nur seiner Aufgabe entfremden, sondern ihm dieselbe überhaupt vorenthalten kann: er bekommt sie nie zu Gesicht. Der animalische vigor [lat.: Leben, Frische, Kraft, Energie] ist nie gross genug bei ihm geworden, dass jene in's Geistigste überströmende Freiheit erreicht wird, wo jemand erkennt: das kann ich allein ... Eine zur schlechten Gewohnheit gewordne noch so kleine Eingeweide-Trägheit genügt vollständig, um aus einem Genie etwas Mittelmässiges, etwas ›Deutsches‹, zu machen; das deutsche Klima allein ist ausreichend, um starke und selbst heroisch angelegte Eingeweide zu entmuthigen. Das tempo des Stoffwechsels steht in einem genauen Verhältniss zur Beweglichkeit oder Lahmheit der Füsse des Geistes; der ›Geist‹ selbst ist ja nur eine Art dieses Stoffwechsels. Man stelle sich die Orte zusammen, wo es geistreiche Menschen giebt und gab, wo Witz, Raffinement, Bosheit zum Glück gehörten, wo das Genie fast nothwendig sich heimisch machte: sie haben alle eine ausgezeichnet trockne Luft. Paris, die Provence, Florenz, Jerusalem, Athen – diese Namen beweisen Etwas: das Genie ist bedingt durch trockne Luft, durch reinen Himmel, – das heisst durch rapiden Stoffwechsel, durch die Möglichkeit, grosse, selbst ungeheure Mengen Kraft sich immer wieder zuzuführen. Ich habe einen Fall vor Augen, wo ein bedeutend und frei angelegter Geist bloss durch Mangel an Instinkt-Feinheit im Klimatischen eng, verkrochen, Specialist und Sauertopf wurde. Und ich selber hätte zuletzt dieser Fall werden können, gesetzt, dass mich nicht die Krankheit zur Vernunft, zum Nachdenken über die Vernunft in der Realität gezwungen hätte. Jetzt, wo ich die Wirkungen klimatischen und meteorologischen Ursprungs aus langer Übung an mir als an einem sehr feinen und zuverlässigen Instrumente ablese und bei einer kurzen Reise schon, etwa von Turin nach Mailand, den Wechsel in den Graden der Luftfeuchtigkeit physiologisch bei mir nachrechne, denke ich mit Schrekken an die unheimliche Tatsache, dass mein Leben bis auf die letzten 10 Jahre, die lebensgefährlichen Jahre, immer sich nur in falschen und mir geradezu verbotenen Orten abgespielt hat. Naumburg, Schulpforta, Thüringen überhaupt, Leipzig, Basel – ebenso viele Unglücks-Orte für meine Physiologie. Wenn ich überhaupt von meiner ganzen Kindheit und Jugend keine willkommne Erinnerung habe, so wäre es eine Thorheit, hier sogenannte ›moralische‹ Ursachen geltend zu machen, – etwa den unbestreitbaren Mangel an zureichender Gesellschaft: denn dieser Mangel besteht heute wie er immer bestand, ohne dass er mich hinderte, heiter und tapfer zu sein. Sondern die Unwissenheit in physiologicis – der verfluchte ›Idealismus‹ – ist das eigentliche Verhängniss in meinem Leben, das Überflüssige und Dumme darin, Etwas, aus dem nichts Gutes gewachsen, für das es keine Ausgleichung, keine Gegenrechnung giebt. Aus den Folgen dieses ›Idealismus‹ erkläre ich mir alle Fehlgriffe, alle grossen Instinkt-Abirrungen und ›Bescheidenheiten‹ abseits der Aufgabe meines Lebens, zum Beispiel, dass ich Philologe wurde – warum zum Mindesten nicht Arzt oder sonst irgend etwas Augen-Aufschliessendes? In meiner Basler Zeit war meine ganze geistige Diät, die Tages-Eintheilung eingerechnet, ein vollkommen sinnloser Missbrauch ausserordentlicher Kräfte, ohne eine irgendwie den Verbrauch deckende Zufuhr von Kräften, ohne ein Nachdenken selbst über Verbrauch und Ersatz. Es fehlte jede feinere Selbstigkeit, jede Obhut eines gebieterischen Instinkts, es war ein Sich-gleichsetzen mit Irgendwem, eine ›Selbstlosigkeit‹, ein Vergessen seiner Distanz, – Etwas, das ich mir nie verzeihe. Als ich fast am Ende war, dadurch dass ich fast am Ende war, wurde ich nachdenklich über diese Grund-Unvernunft meines Lebens – den ›Idealismus‹. Die Krankheit brachte mich erst zur Vernunft. –« (Ecce homo, KSA 6, 281ff.)

Das Motiv der heilsamen Krankheit klingt wieder an: Erst diese löst Nietzsche aus den »mir geradezu verbotenen Orten«, die Krankheit kuriert ihn auch philosophisch vom Idealismus zum »Nachdenken über die Vernunft in der Realität« (Ecce homo, KSA 6, 282). Schließlich verschafft ihm die Krankheit, die ihn aus der Basler Professur befreit, die Möglichkeit, »die letzten 10 Jahre, die lebensgefährlichen Jahre« an geeigneten Orten zu verbringen. In diesen zehn Jahren schreibt Nietzsche den Hauptteil seiner Schriften: Die Gefahr seines Lebens war seine ihn in wiederholten Selbstbefreiungen immer weiter vereinsamende Denkarbeit.

Lektüre

Nietzsches Erholungen: Er zählt in *Ecce homo* kaum mehr als die Musik und das Lesen dazu. Lesen als Erholung zu bezeichnen ist gleichzeitig wieder eine Distanzierung von seiner Tätigkeit als professioneller Leser, als Philologe.

»Meine Augen allein machten ein Ende mit aller Bücherwürmerei, auf deutsch: Philologie: ich war vom ›Buch‹ erlöst, ich las jahrelang Nichts mehr – die grösste Wohlthat, die ich mir je erwiesen habe! – Jenes unterste Selbst, gleichsam verschüttet, gleichsam still geworden unter einem beständigen Hören-Müssen auf andre Selbste (– und das heisst ja lesen!) erwachte langsam, schüchtern, zweifelhaft, – aber endlich redete es wieder.« (Ecce homo, KSA 6, 326)

Wie in der folgenden Passage wird hier das Lesen zum Hören und das Hören zum lautstarken Andrang fremder Gedanken, in welchem immer auch die Gefahr liegt, die eigenen Gedanken zu überhören: die Gefahr des Selbstverlusts.

Die erholsame Lektüre, über die Nietzsche berichten wird, sind »geistreiche Bücher« – »Werden es deutsche Bücher sein?« fragt Nietzsche gleich anschließend, unterstellend, daß ›geistvoll‹ und ›deutsch‹ sich im Grunde ausschließen. Die Passage verneint diese Frage inhaltlich: Sie ist ein Loblied auf französische Literatur und Kultur. Cosima Wagner, die französisch erzogene Tochter des Komponisten Franz Liszt, wird als seltenes Beispiel hoher Bildung in Deutschland genannt. Bis auf Shakespeare – »ein wüstes Genie« – fallen außerdem nur französische Namen. Zur Plauderei gehört, daß am Ende des Abschnitts der französische Romancier Stendhal und Nietzsche Atheistenwitze austauschen:

»[...] In meinem Fall gehört alles Lesen zu meinen Erholungen: folglich zu dem, was mich von mir losmacht, was mich in fremden Wissenschaften und Seelen spazieren gehn lässt, – was ich nicht mehr ernst nehme. Lesen erholt mich eben von meinem Ernste. In tief arbeitsamen Zeiten sieht man keine Bücher bei mir: ich würde mich hüten, jemanden in meiner Nähe reden oder gar denken zu lassen. Und das hiesse ja lesen … Hat man eigentlich beobachtet, dass in jener tiefen Spannung, zu der die Schwangerschaft den Geist und im Grunde den ganzen Organismus verurtheilt, der Zufall, jede Art Reiz von aussen her zu vehement wirkt, zu tief ›einschlägt‹? Man muss dem Zufall, dem Reiz von aussen her so viel als möglich aus dem Wege gehn; eine Art Selbst-Vermauerung gehört zu den ersten Instinkt-Klugheiten der geistigen Schwangerschaft. Werde ich es erlauben, dass ein fremder Gedanke heimlich über die Mauer steigt? – Und das hiesse ja lesen … Auf die Zeiten der Arbeit und Fruchtbarkeit folgt die Zeit der Erholung: heran mit euch, ihr angenehmen, ihr geistreichen, ihr gescheuten Bücher! – Werden es deutsche Bücher sein? … Ich muss ein Halbjahr zurückrechnen, dass ich mich mit einem Buch in der Hand ertappe. Was war es doch? – Eine ausgezeichnete Studie von Victor Brochard, les Sceptiques Grecs, in der auch meine Laertiana gut benutzt sind. Die Skeptiker, der einzige ehrenwerthe Typus unter dem so zwei- bis fünfdeutigen Volk der Philosophen! … Sonst nehme ich meine Zuflucht fast immer zu den selben Büchern, einer kleinen Zahl im Grunde, den gerade für mich bewiesenen Büchern. Es liegt vielleicht nicht in meiner Art, Viel und Vielerlei zu lesen: ein Lesezimmer macht mich krank. Es liegt auch nicht in meiner Art, Viel oder Vielerlei zu lieben. Vorsicht, selbst Feindseligkeit gegen neue Bücher gehört eher schon zu meinem Instinkte, als ›Toleranz‹, ›largeur du coeur‹ und andre ›Nächstenliebe‹ … Im Grunde ist es eine kleine Anzahl älterer Franzosen zu denen ich immer wieder zurückkehre: ich glaube nur an französische Bildung und halte Alles, was sich sonst in Europa ›Bildung‹ nennt, für Missverständniss, nicht zu reden von der deutschen Bildung … Die wenigen Fälle hoher Bildung, die ich in Deutschland vorfand, waren alle französischer Herkunft, vor Allem Frau Cosima Wagner, bei weitem die erste Stimme in Fragen des Geschmacks, die ich gehört habe … Dass ich Pascal nicht lese, sondern liebe, als das lehrreichste Opfer des Christenthums, langsam hingemordet, erst leiblich, dann psychologisch, die ganze Logik dieser schauderhaftesten Form unmenschlicher Grausamkeit; dass ich Etwas von

Montaigne's Muthwillen im Geiste, wer weiss? vielleicht auch im Leibe habe; dass mein Artisten-Geschmack die Namen Molière, Corneille und Racine nicht ohne Ingrimm gegen ein wüstes Genie wie Shakespeare in Schutz nimmt: das schliesst zuletzt nicht aus, dass mir nicht auch die allerletzten Franzosen eine charmante Gesellschaft wären. Ich sehe durchaus nicht ab, in welchem Jahrhundert der Geschichte man so neugierige und zugleich so delikate Psychologen zusammenfischen könnte, wie im jetzigen Paris: ich nenne versuchsweise – denn ihre Zahl ist gar nicht klein – die Herrn Paul Bourget, Pierre Loti, Gyp, Meilhac, Anatole France, Jules Lemaître, oder um Einen von der starken Rasse hervorzuheben, einen echten Lateiner, dem ich besonders zugethan bin, Guy de Maupassant. Ich ziehe diese Generation, unter uns gesagt, sogar ihren grossen Lehrern vor, die allesammt durch deutsche Philosophie verdorben sind: Herr Taine zum Beispiel durch Hegel, dem er das Missverständniss grosser Menschen und Zeiten verdankt. So weit Deutschland reicht, verdirbt es die Cultur. Der Krieg erst hat den Geist in Frankreich ›erlöst‹ ... Stendhal, einer der schönsten Zufälle meines Lebens – denn Alles, was in ihm Epoche macht, hat der Zufall, niemals eine Empfehlung mir zugetrieben – ist ganz unschätzbar mit seinem vorwegnehmenden Psychologen-Auge, mit seinem Thatsachen-Griff, der an die Nähe des grössten Thatsächlichen erinnert (ex ungue Napoleonem –); endlich nicht am Wenigsten als ehrlicher Atheist, eine in Frankreich spärliche und fast kaum auffindbare species, – Prosper Mérimée in Ehren ... Vielleicht bin ich selbst auf Stendhal neidisch? Er hat mir den besten Atheisten-Witz weggenommen, den gerade ich hätte machen können: ›die einzige Entschuldigung Gottes ist, dass er nicht existirt‹ ... Ich selbst habe irgendwo gesagt: was war der grösste Einwand gegen das Dasein bisher? Gott ...« (Ecce homo, KSA 6, 284ff.)

Erst im nächsten Abschnitt, den Nietzsche der Poesie widmet, erweist er auch einem deutschen Autor seine Referenz. Aber die Wahl Nietzsches fällt – wenig verwunderlich – auf einen Autor, der an und unter Deutschland litt, von jüdischer Herkunft war und – geflohen vor der Zensur – im Pariser Exil starb: Heinrich Heine. Dessen Lyrik beschreibt Nietzsche mit einer jener bemerkenswerten – und noch zu kommentierenden – Gleichsetzungen von Texten und Musik, die sich an verschiedenen Stellen in *Ecce homo* finden: »Ich suche umsonst in allen Reichen der Jahrtausende nach einer gleich süssen und leidenschaftlichen Musik.« (Ecce homo, KSA 6, 286). Eine weitere Beobachtung wird später noch zu kommentieren sein: Nietzsche kommt in einem Zusammenhang, in dem es um lyrische Texte geht, zweimal auf sein Buch *Also sprach Zarathustra* zu sprechen und bezeichnet sich am Ende als »Visionär des Zarathustra«: alles Hinweise darauf, daß *Also sprach Zarathustra* eine Schrift ist, die aus dem Rahmen philosophischer Abhandlungen deutlich herausfällt.

Aufschlußreich ist schließlich, wie sicher sich Nietzsche seiner Bedeutung als Sprachkünstler ist.

»Den höchsten Begriff vom Lyriker hat mir Heinrich Heine gegeben. Ich suche umsonst in allen Reichen der Jahrtausende nach einer gleich süssen und leidenschaftlichen Musik. Er besass jene göttliche Bosheit, ohne die ich mir das Vollkommne nicht zu denken vermag, – ich schätze den Werth von Menschen, von Rassen darnach ab, wie nothwendig sie den Gott nicht abgetrennt vom Satyr zu verstehen wissen. – Und wie er das Deutsche handhabt! Man wird einmal sagen, dass Heine und ich bei weitem die ersten Artisten der deutschen Sprache gewesen sind – in einer unausrechenbaren Entfernung von Allem, was blosse Deutsche mit ihr gemacht haben. – Mit Byrons Manfred muss ich tief verwandt sein: ich fand alle diese Abgründe in mir, – mit dreizehn Jahren war ich für dies Werk reif. Ich habe kein Wort, bloss einen Blick für die, welche in Gegenwart des Manfred das Wort Faust auszusprechen wagen. Die Deutschen sind unfähig jedes Begriffs von Grösse: Beweis Schumann. Ich habe eigens, aus Ingrimm gegen diesen süsslichen Sachsen, eine Gegenouvertüre zum Manfred componirt, von der Hans von Bülow sagte, dergleichen habe er nie auf Notenpapier gesehn: das sei Nothzucht an der Euterpe [griech.: Muse des lyrischen Gesanges]. – Wenn ich meine höchste Formel für Shakespeare suche, so finde ich immer nur die, dass er den Typus Cäsar concipirt hat. Dergleichen erräth man nicht, – man ist es oder man ist es nicht. Der grosse Dichter schöpft nur aus seiner Realität – bis zu dem Grade, dass er hinterdrein sein Werk nicht mehr aushält ... Wenn ich einen Blick in meinen Zarathustra geworfen habe, gehe ich eine halbe Stunde im Zimmer auf und ab, unfähig, über einen unerträglichen Krampf von Schluchzen Herr zu werden. – Ich kenne keine herzzerreissendere Lektüre als Shakespeare: was muss ein Mensch gelitten haben, um dergestalt es nöthig zu haben, Hanswurst zu sein! – Versteht man den Hamlet? Nicht der Zweifel, die Gewissheit ist das, was wahnsinnig macht ... Aber dazu muss man tief, Abgrund, Philosoph sein, um so zu fühlen ... Wir fürchten uns Alle vor der Wahrheit ... Und, dass ich es bekenne: ich bin dessen instinktiv sicher und gewiss, dass Lord Bacon der Urheber, der Selbstthierquäler dieser unheimlichsten Art Litteratur ist: was geht mich das erbarmungswürdige Geschwätz amerikanischer Wirr- und Flachköpfe an? Aber die Kraft zur mächtigsten Realität der Vision ist nicht nur verträglich mit der mächtigsten Kraft zur That, zum Ungeheuren der That, zum Verbrechen sie setzt sie selbst voraus ... Wir wissen lange nicht genug von Lord Bacon, dem ersten Realisten in jedem grossen Sinn des Wortes, um zu wissen, was er Alles gethan, was er gewollt, was er mit sich erlebt hat ... Und zum Teufel, mein⟨e⟩ Herrn Kritiker! Gesetzt, ich hätte meinen Zarathustra auf einen fremden Namen getauft, zum Beispiel auf den von Richard Wagner, der Scharfsinn von zwei Jahrtausenden hätte nicht ausgereicht, zu errathen, dass der Verfasser von ›Menschliches, Allzumenschliches‹ der Visionär des Zarathustra ist.« (Ecce homo, KSA 6, 286)

Die »Litteratur«

Nietzsches Bücher

Die Bücher und der Nachlaß

Das Kapitel »Warum ich so gute Bücher schreibe« ist das umfangreichste in *Ecce homo*. Nietzsche unternimmt es nach sechs einleitenden Abschnitten, alle seine bis dahin erschienenen Bücher einzeln vorzustellen und zu einem Gesamtbild zu arrangieren. Mit Ausnahme des *Ecce homo* sowie der *Dionysos-Dithyramben* und der ›Umwerthung aller Werthe‹, die er beide in *Ecce homo* erwähnt – und abgesehen von seinen Fachveröffentlichungen zur Altphilologie –, behandelt Nietzsche hier alle seine zur Veröffentlichung vorgesehenen Texte.

Die Erscheinungsdaten seiner Schriften decken ein Intervall von etwa anderthalb Jahrzehnten ab: von 1872 bis 1888. In diesem Zeitraum entstand der überwiegende Teil dessen, was wir heute als das philosophische Werk Friedrich Nietzsches kennen.

Angesichts des voluminösen und gedankenreichen Nachlasses insbesondere der achtziger Jahre (ca. 1000 Seiten des von Nietzsche in dieser Zeit veröffentlichten Werkes stehen ca. 1500 Seiten mit Texten des Nachlasses gegenüber) verdient es besondere Aufmerksamkeit, daß Nietzsche als einzige weitere Werke seine »Umwerthung aller Werthe« und die *Dionysos-Dithyramben* erwähnt.

Das lange verfolgte Projekt eines Werkes unter dem Titel »Der Wille zur Macht« gibt er zwischen Ende August und Anfang September des Jahres 1888 auf, um bereits ausgearbeitetes Textmaterial unter der Überschrift »Umwerthung aller Werthe« neu zu arrangieren. Das Projekt, das sich hieraus entwickelt, sieht vor, unter diesem Gesamttitel vier Bücher zur veröffentlichen, dessen erstes »Der Antichrist« heißen sollte. Einen Teil des ursprünglich für die Umwertung vorgesehenen Materials veröffentlicht Nietzsche schließlich noch vor *Ecce homo* in *Götzen-Dämmerung*. Ebenfalls noch vor *Ecce homo* – nämlich am 30. September 1888 – beendet er in Turin die Arbeiten an *Der Antichrist*: »Am 30. September grosser Sieg; Beendigung der Umwerthung; Müssiggang eines Gottes am Po entlang« (Ecce homo, KSA 6, 356) schreibt er darüber in *Ecce homo*. Diese Stelle ist das Ergebnis einer Änderung im Druckmanuskript, die Nietzsche Anfang Dezember an seinen Verleger schickte. Durch diese Änderung – und eine entsprechende in der Präambel: »Die Umwerthung aller Werthe, die Dionysos-Dithyramben und zur Erholung, die Götzen-Dämmerung – Alles Geschenke dieses Jahrs, sogar seines letzten Vierteljahrs!« (Ecce homo, KSA 6, 263) – dokumentiert Nietzsche, daß er inzwischen mit *Der Antichrist* die Arbeit an der gesamten »Umwerthung« als beendet verstanden wissen will.

Mehrere Briefe aus dem November 1888 belegen diesen Entschluß. So schreibt Nietzsche beispielsweise am 26. November 1888 an Paul Deussen: »Meine Umwerthung aller Werthe, mit dem Haupttitel ›**der Antichrist**‹ ist fertig« (An Paul Deussen, 26.11.1888; KSB 8, 492).

Demnach erklärt Nietzsche – in der euphorischen Stimmung, die ihn seit Oktober 1888 ergreift – noch während der Drucklegung des *Ecce homo* seine Buchprojekte für abgeschlossen. Von einem noch ausstehenden Hauptwerk ist keine Rede.

Im Abschnitt »Warum ich so gute Bücher schreibe« kommentiert Nietzsche, was er als sein ganzes bisheriges Werk verstanden wissen will. Durch *Ecce homo* kündigt er ein einziges noch ausstehendes Buch an: die – in Gestalt von *Der Antichrist* bereits abgeschlossene – Umwerthung aller Werthe: »Das Ganze [*Ecce homo*] ist das Vorspiel der Umwerthung aller Werthe, das Werk das fertig vor mir liegt« (An Georg Brandes, 20.11.1888; KSB 8, 482). Der zum Verständnis von Nietzsches Arbeitsweise und

Gedankenwelt enorm aufschlußreiche Nachlaß ist eben nicht das von Nietzsche gestaltete Werk.

Was Nietzsche über eine Zusammenschrift zum »Willen zur Macht« sagt, gilt für alle weiteren nachgelassenen Texte: »Auch dürfen Sie ja nicht glauben, daß ich wieder ›Litteratur‹ gemacht hätte: diese Niederschrift war für mich; ich will alle Winter von jetzt ab hintereinander eine solche Niederschrift für mich machen – der Gedanke an ›Publicität‹ ist eigentlich ausgeschlossen« (An Heinrich Köselitz (Peter Gast), 26.2.1888; KSB 8, 264).

Nietzsches »Litteratur«, die für das Publikum bestimmten Texte, das sind die in *Ecce homo* vorgestellten »guten Bücher«, *Ecce homo* selbst und Der *Antichrist* und die *Dionysos-Dithyramben*. Einen Überblick über Nietzsches gestaltetes Werk und seine Chronologie soll die folgende Auflistung ermöglichen.

Nietzsches in *Ecce homo* vorgestellte und von ihm selbst veröffentlichte Schriften (den Unterpunkten ist der in den Kommentaren des *Ecce homo* durch Nietzsche verwendete Titel vorangestellt):

- *Die Geburt der Tragödie*: Die Geburt der Tragödie aus dem Geiste der Musik. Leipzig 1872. (Die Geburt der Tragödie aus dem Geiste der Musik. Zweite Auflage, Leipzig 1874. Die Geburt der Tragödie, Oder: Griechenthum und Pessimismus. Neue Ausgabe mit dem Versuch einer Selbstkritik. Leipzig 1886)
- *Die Unzeitgemässen*: Unzeitgemässe Betrachtungen. Erstes Stück: David Strauss der Bekenner und Schriftsteller. Leipzig 1873. Unzeitgemässe Betrachtungen. Zweites Stück: Vom Nutzen und Nachtheil der Historie für das Leben. Leipzig 1874. Unzeitgemässe Betrachtungen. Drittes Stück: Schopenhauer als Erzieher. Schloss-Chemnitz 1874. Unzeitgemässe Betrachtungen. Viertes Stück: Richard Wagner in Bayreuth. Schloss-Chemnitz 1876. (Richard Wagner à Bayreuth traduit par Marie Baumgartner avec l'autorisation de l'auteur. Schloss-Chemnitz 1877)

- *Menschliches, Allzumenschliches. Mit zwei Fortsetzungen*: Menschliches, Allzumenschliches. Ein Buch für freie Geister. Chemnitz 1878. (Menschliches, Allzumenschliches. Ein Buch für freie Geister. Erster Band. Neue Ausgabe mit einer einführenden Vorrede. Leipzig 1886). Menschliches, Allzumenschliches. Ein Buch für freie Geister. Anhang: Vermischte Meinungen und Sprüche. Chemnitz 1879. Der Wanderer und sein Schatten. Chemnitz 1880. (Menschliches, Allzumenschliches. Ein Buch für freie Geister. Zweiter Band. Neue Ausgabe mit einer einführenden Vorrede. Leipzig 1886 [enthält Vermischte Meinungen und Sprüche und Der Wanderer und sein Schatten])
- *Morgenröthe. Gedanken über die Moral als Vorurtheil*: Morgenröthe. Gedanken über die moralischen Vorurtheile. Chemnitz 1881. (Morgenröthe. Gedanken über die moralischen Vorurtheile. Neue Ausgabe mit einer einführenden Vorrede. Leipzig 1887)
- *Die fröhliche Wissenschaft (»la gaya scienza«)*: Die fröhliche Wissenschaft. Chemnitz 1882. (Die fröhliche Wissenschaft (»la gaya scienza«). Neue Ausgabe mit einem Anhange: Lieder des Prinzen Vogelfrei. Leipzig 1887)
- *Also sprach Zarathustra. Ein Buch für Alle und Keinen*: Also sprach Zarathustra. Ein Buch für Alle und Keinen. Chemnitz 1883. Also sprach Zarathustra. Ein Buch für Alle und Keinen, 2. Chemnitz 1883. Also sprach Zarathustra. Ein Buch für Alle und Keinen, 3. Chemnitz 1884. (Also sprach Zarathustra. Ein Buch für Alle und Keinen. In drei Theilen. Leipzig 1887)
- *Jenseits von Gut und Böse. Vorspiel einer Philosophie der Zukunft*: Jenseits von Gut und Böse. Vorspiel einer Philosophie der Zukunft. Leipzig 1886.
- *Genealogie der Moral. Eine Streitschrift*: Zur Genealogie der Moral. Eine Streitschrift. Leipzig 1887.
- *Der Fall Wagner. Ein Musikanten-Problem*: Der Fall Wagner. Ein Musikanten-Problem. Leipzig 1888.
- *Götzen-Dämmerung. Wie man mit dem Hammer philosophirt*: Götzen-Dämmerung, oder: Wie man mit dem Hammer philosophiert. Leipzig 1889.

Von Nietzsche in *Ecce homo* erwähnte, jedoch nicht mehr von ihm selbst veröffentlichte Schriften:

- Der Antichrist. Fluch auf das Christenthum. Druckmanuskript 1888. Erstdruck Leipzig 1895.
- Ecce homo. Wie man wird, was man ist. Druckmanuskript 1888/1889. [Zwei Korrekturbogen für druckfertig erklärt, dann nicht erschienen]. Erstdruck hg. von R. Richter. Leipzig 1908.
- Dionysos-Dithyramben. Druckmanuskript 1888/1889. Erstdruck mit Also sprach Zarathustra 4, hg. von P. Gast. Leipzig 1891.

Privatdrucke, Zeitschriftenveröffentlichungen und von Nietzsche zurückgezogene Schriften, die in *Ecce homo* nicht erwähnt werden:

- Sokrates und die griechische Tragödie. Privatdruck. Basel 1871.
- Ein Neujahrswort an den Herausgeber der Wochenschrift »Im neuen Reich«, Musikalisches Wochenblatt, 17. Januar 1873, 38. Leipzig 1873.
- Idyllen aus Messina. Internationale Monatzeitschrift I, 5 (Mai), 269–275. Chemnitz 1882.
- Also sprach Zarathustra. Ein Buch für Alle und Keinen, 4. Vierter und letzter Theil. Privatdruck. Leipzig 1885. [Nietzsche versucht bis zuletzt die von ihm verteilten Exemplare zurückzuerhalten].
- Nietzsche contra Wagner. Aktenstücke eines Psychologen. Leipzig 1889 [Nietzsche verzichtet auf die Veröffentlichung].

Die nachträgliche Symmetrie der Werke

»Warum ich so gute Bücher schreibe«, Nietzsches Kommentar zu seiner »Litteratur«, seinem gestalteten Werk, ist nicht nur der umfangreichste, sondern auch der komplexeste Abschnitt des *Ecce homo.* Einerseits entfaltet er so etwas wie eine chronologisch geordnete Biographie seines Denkens, andererseits unternimmt er es, jedes der oben in der ersten Rubrik aufgeführten Bücher in einem eigenen Unterabschnitt zu kommentieren und inhaltlich neu zu pointieren. Insgesamt ergeben sich zehn äußerst komprimierte Stellungnahmen.

Grundsätzlich folgt die Anordnung dieser zehn Unterabschnitte der Entstehungschronologie der kommentierten Werke. Eine entscheidende Ausnahme macht die Plazierung von *Der Fall Wagner.* Die Schrift erschien bereits vor der *Götzen-Dämmerung,* wird aber in *Ecce homo* als letzte kommentiert. Die Bedeutungsdimension dieser und anderer Auffälligkeiten der formalen Komposition des *Ecce homo* analysiert Wolfram Groddeck (NSt 13, 325–331).

Die Vertauschung der Reihenfolge führt zum – offenbar erwünschten – Eindruck, Nietzsches Werk sei gerahmt von zwei Schriften, die zumindest an ihrer Oberfläche mit dem Namen Richard Wagner verknüpft sind: *Die Geburt der Tragödie aus dem Geiste der Musik* und *Der Fall Wagner.* Im Abschnitt »Warum ich so klug bin« formuliert Nietzsche »Das worin wir [Wagner und Nietzsche] verwandt sind, dass wir tiefer gelitten haben, auch aneinander, als Menschen dieses Jahrhunderts zu leiden vermöchten, wird unsere Namen ewig wieder zusammenbringen, [...]« (Ecce homo, KSA 6, 290). Der Name Richard Wagner am Beginn und am Ende seines bisherigen Werks: – Nietzsche selbst »bringt« hier die beiden Namen »wieder zusammen«.

In beiden Fällen allerdings betont Nietzsche – nun wieder Distanz zu Wagner gewinnend –, daß ausgehend vom Phänomen Wagner jedes Mal ein weit grundsätzlicheres Problem der eigentliche Gegenstand der Schriften ist. Auch unter diesem Gesichtspunkt aber zeigt sich die symmetrische Anlage der beiden Selbstkommentare: »Aus dieser Schrift redet eine ungeheure Hoffnung. Zuletzt fehlt mir jeder Grund, die Hoffnung auf eine dionysische Zukunft der Musik zurückzunehmen. [...] Ich verspreche ein tragisches Zeitalter: die höchste Kunst im Jasagen zum Leben, die Tragödie, wird wiedergeboren werden, [...]« (Ecce homo, KSA 6, 313) schreibt er über *Die Geburt der Tragödie*. Das Pendant im Selbstkommentar zu *Der Fall Wagner* lautet: »Um dieser Schrift gerecht zu werden, muss man am Schicksal der Musik wie an einer offenen Wunde leiden. – Woran ich leide, wenn ich am Schicksal der Musik leide? Daran, dass die Musik um ihren weltverklärenden, jasagenden Charakter gebracht worden ist« (Ecce homo, KSA 6, 357).

Diese unter Verletzung der Entstehungschronologie hergestellte Symmetrie zeigt beispielhaft, daß Nietzsche auch mit den Kommentaren zu seinen Schriften gestaltend umgeht: Er macht selbst die Reihenfolge, mit der er den Leser durch seine Schriften führt, zu einem Mittel der Darstellung.

Das Pathos der Texte

»Ich kenne einigermassen meine Vorrechte als Schriftsteller; in einzelnen Fällen ist es mir auch bezeugt, wie sehr die Gewöhnung an meine Schriften den Geschmack ›verdirbt‹. Man hält einfach andre Bücher nicht mehr aus, am wenigsten philosophische.« (Ecce homo, KSA 6, 302)

Nietzsches »Litteratur« ist bestechend, teilweise verführerisch: »Von da an [nach *Also sprach Zarathustra*] sind alle meine Schriften Angelhaken: vielleicht verstehe ich mich so gut als jemand auf Angeln? ... Wenn Nichts sich fieng, so liegt die Schuld nicht an mir. Die Fische fehlten...«. Die Rezeptionsgeschichte seiner Schriften zeigt, daß die »Fische« nicht dauerhaft ausblieben. Es gelang Nietzsche nur zu gut, »Angelhaken« auszuwerfen, die immer wieder neu für sein Denken faszinieren.

Was an Nietzsches Schriften besticht, ist nicht ihre Logik oder die Strenge einer konsequent verfolgten Methodik – zu experimentell sind seine Gedankengänge, zu oft stellt er seinen Lesern die Frage ›Was wäre, wenn …?‹ oder fordert dazu auf, etwas aus einer veränderten, neuen Perspektive zu betrachten.

Nietzsche berichtet in *Ecce homo,* daß schon in seinen frühen wissenschaftlichen Beiträgen zur Philologie neben Methodik und Ergebnissen etwas Zusätzliches wahrgenommen wurde: Spannung.

»Mein alter Lehrer Ritschl behauptete sogar, ich concipirte selbst noch meine philologischen Abhandlungen wie ein Pariser romancier – absurd spannend.« (Ecce homo, KSA 6, 301)

Für seine »Litteratur« entwickelt Nietzsche eine eigene »Kunst des Stils«. Dabei ist, was Nietzsche als Stil bezeichnet, keine bloß äußerliche sprachliche Form seiner Texte. Und schon gar nicht läßt sich Nietzsches Stil in Regeln fassen, die man rezeptmäßig in Stilübungen anwenden könnte: »Guter Stil an sich – eine reine Thorheit, blosser ›Idealismus‹, etwa, wie das ›Schöne an sich‹, wie das ›Gute an sich‹, wie das ›Ding an sich‹ …« (Ecce homo, KSA 6, 304). Stil wird bei Nietzsche ein anderes Wort für Mitteilungsfähigkeit. Diese Mitteilungsfähigkeit bezieht sich nicht auf die Darstellung von Sachverhalten. Statt dessen antwortet sie auf das Problem der Mitteilung individueller Erfahrungen, »innerer Zustände«, einer »innere[n] Spannung«:

»Ich sage zugleich noch ein allgemeines Wort über meine K u n s t d e s S t i l s. Einen Zustand, eine innere Spannung von Pathos durch Zeichen, eingerechnet das tempo dieser Zeichen, m i t z u t h e i l e n – das ist der Sinn jedes Stils; und in Anbetracht, dass die Vielheit innerer Zustände bei mir ausserordentlich ist, giebt es bei mir viele Möglichkeiten des Stils – die vielfachste Kunst des Stils überhaupt, über die je ein Mensch verfügt hat. G u t ist jeder Stil, der einen inneren Zustand wirklich mittheilt, der sich über die Zeichen, über das tempo der Zeichen, über die Ge-

> bärden – alle Gesetze der Periode sind Kunst der Gebärde – nicht vergreift. Mein Instinkt ist hier unfehlbar. –« (Ecce homo, KSA 6, 304)

Bemerkenswert ist, wie stark auch hier wieder das Motiv der inneren Vielheit Nietzsches, der unterschiedlichen Schichten und Gegensätze seiner Persönlichkeit, anklingt. Durch diese »Vielheit innerer Zustände« begründet er die in der Tat außerordentliche Variabilität seiner sprachlichen Mitteilungen, seines Stils. Bemerkenswert ist auch, daß Nietzsche hier von sprachlichen Äußerungen als Gebärden spricht. Schließlich sind Gebärden die direkteste und – von Sprache begleitet oder als Sprache genutzt – auch die vollständigste Äußerungsmöglichkeit eines Menschen: Aussehen, Körperhaltung, Bewegung, Mimik, gegebenenfalls Klang und Bewegung der Stimme, alles zusammen wird als Gebärde zur Mitteilung. Nun teilt unter Umständen eine solche Gebärde nicht nur Sachverhalte mit, sondern steckt an, überträgt Affekt und »innere Spannung«.

Nietzsche macht hier eine entscheidende Einschränkung, die Übertragung einer inneren »Spannung« durch die Mitteilung setzt voraus, daß ein anderer den gleichen inneren Zustand annehmen kann. Nietzsche spricht vom »gleichen Pathos«, wobei dieses griechische Wort für Leiden, Gemütsbewegung, allgemein für Affekt, aber auch für Begierde, Gefühl, schließlich sogar für ein Ereignis steht, das einem Menschen widerfährt:

> »Immer noch vorausgesetzt, dass es Ohren giebt – dass es Solche giebt, die eines gleichen Pathos fähig und würdig sind, dass die nicht fehlen, denen man sich mittheilen darf. – Mein Zarathustra zum Beispiel sucht einstweilen noch nach Solchen – ach! er wird noch lange zu suchen haben! – Man muss dessen werth sein, ihn zu hören ... Und bis dahin wird es Niemanden geben, der die Kunst, die hier verschwendet worden ist, begreift: es hat nie jemand mehr von neuen, von unerhörten, von wirklich erst dazu geschaffnen Kunstmitteln zu verschwenden gehabt. Dass dergleichen gerade in deutscher Sprache möglich war, blieb zu beweisen: ich selbst hätte es vorher am härtesten

abgelehnt. Man weiss vor mir nicht, was man mit der deutschen Sprache kann, – was man überhaupt mit der Sprache kann. –« (Ecce homo, KSA 6, 304)

Die Passage hilft ein Stück weit, die Selbstkommentare, die Nietzsche in *Ecce homo* zu seinen Büchern formuliert, einzuschätzen. Auf den ersten Blick ist verwunderlich, wie wenig diese Texte mit Inhaltsangaben im üblichen Sinne gemeinsam haben. Lediglich in den ersten beiden zur *Geburt der Tragödie* und den *Unzeitgemäßen Betrachtungen* finden sich stellenweise nüchterne Zusammenfassungen inhaltlicher Schwerpunkte. Nietzsches Kommentar zu *Menschliches, Allzumenschliches* berichtet schon überwiegend über die biographischen Umstände und Konsequenzen der Selbstbefreiungen dieses Buchs. Schließlich setzt der letzte in der Reihe dieser Selbstkommentare über weite Strecken eher die harte Abrechnung Nietzsches mit »den Deutschen« fort, als daß *Der Fall Wagner* dadurch nur in diesem abrechnenden Sinne zusammengefaßt würde. Alle übrigen Abschnitte charakterisieren vor allem, was Nietzsche im jeweiligen Buch »mit der Sprache kann«.

Nietzsches Kommentare charakterisieren – im Sinne der zitierten Äußerung zum Stil – die Stimmung der Bücher, geben biographische Hinweise auf die mitzuteilende Stimmung Nietzsches während ihrer Entstehung und weisen auf Besonderheiten der gewählten Mitteilungsweise hin:

Inhaltlich diskreditiert nach Nietzsches Kommentar sein Buch *Morgenröthe* die Moral; stilistisch aber ohne »Bosheit«, entspannt. Seine Sätze »schlüpfen« wie Seevogelküken an der Felsenküste bei Genua:

»Dass man von dem Buche Abschied nimmt mit einer scheuen Vorsicht vor Allem, was bisher unter dem Namen Moral zu Ehren und selbst zur Anbetung gekommen ist, steht nicht im Widerspruch damit, dass im ganzen Buch kein negatives Wort vorkommt, kein Angriff, keine Bosheit, – dass es vielmehr in der Sonne liegt, rund, glücklich, einem Seegethier gleich, das zwischen Felsen sich sonnt. Zuletzt war ich's selbst, dieses Seegethier: fast jeder Satz des Buchs ist erdacht, e r s c h l ü p f t in jenem Felsen-Wirrwarr nahe bei Genua, wo ich allein war und noch mit dem Meere Heimlichkeiten hatte.« (Ecce homo, KSA 6, 329)

Kennzeichnend für das, was Nietzsche in der *Morgenröthe* »mit der Sprache kann«, ist die Kunst, flüchtige Übergänge und Augenblicke sprachlich zu fassen:

»Die Kunst, die es voraus hat, ist keine kleine darin, Dinge, die leicht und ohne Geräusch vorbeihuschen, Augenblicke, die ich göttliche Eidechsen nenne, ein wenig fest zu machen – nicht etwa mit der Grausamkeit jenes jungen Griechengottes, der das arme Eidechslein einfach anspiesste, aber immerhin doch mit etwas Spitzem, mit der Feder...« (Ecce homo, KSA 6, 329)

Eine Synthese aus experimentierender Leichtigkeit und gedanklichem Gewicht findet ihren sprachlichen Ausdruck besonders in den Sätzen der *Fröhlichen Wissenschaft*:

»Die ›Morgenröthe‹ ist ein jasagendes Buch, tief, aber hell und gütig. Dasselbe gilt noch einmal und im höchsten Grade von der gaya scienza: fast in jedem Satz derselben halten sich Tiefsinn und Muthwillen zärtlich an der Hand.« (Ecce homo, KSA 6, 332)

Für *Jenseits von Gut und Böse* beschreibt Nietzsche eine »diätetische« Motivation – im weitesten Sinne geistiger Ernährung: es dient als Ausgleichskost zur Erholung von *Also sprach Zarathustra*. Dem Buch, das »in allem Wesentlichen eine Kritik der Modernität« (Ecce homo, KSA 6, 350) ist, fehlt »jedes guthmütige Wort«. Nietzsche charakterisiert die Art der Mitteilung als raffiniert: absichtsvoll will er Aspekte ausgeklammert, verschwiegen haben. Der Angriff auf die Modernität wird instrumentalisiert: er dient der Suche eines Einzelgängers nach Komplizen, ist ein »langsame[r] Umblick nach Verwandten, nach Solchen, die aus Stärke heraus zum Vernichten mir die Hand bieten würden« (ebd.).

»Erwägt man, dass das Buch nach dem Zarathustra folgt, so erräth man vielleicht auch das diätetische régime, dem es seine

Entstehung verdankt. Das Auge, verwöhnt durch eine ungeheure Nöthigung fern zu sehn – Zarathustra ist weitsichtiger noch als der Czar –, wird hier gezwungen, das Nächste, die Zeit, das Um-uns scharf zu fassen. Man wird in allen Stücken, vor Allem auch in der Form, eine gleiche willkürliche Abkehr von den Instinkten finden, aus denen ein Zarathustra möglich wurde. Das Raffinement in Form, in Absicht, in der Kunst des Schweigens, ist im Vordergrunde, die Psychologie wird mit eingeständlicher Härte und Grausamkeit gehandhabt, – das Buch entbehrt jedes gutmüthigen Worts ... Alles das erholt: wer erräth zuletzt, welche Art Erholung eine solche Verschwendung von Güte, wie der Zarathustra ist, nöthig macht? ... Theologisch geredet – man höre zu, denn ich rede selten als Theologe – war es Gott selber, der sich als Schlange am Ende seines Tagewerks unter den Baum der Erkenntniss legte: er erholte sich so davon, Gott zu sein ... Er hatte Alles zu schön gemacht ... Der Teufel ist bloss der Müssiggang Gottes an jedem siebenten Tage ...« (Ecce homo, KSA 6, 351)

Nicht nur Eigenschaften charakterisieren die Stimmung der *Götzen-Dämmerung*, den »Ton« des Buchs. Die Schrift selbst erwacht zu einem unheimlichen Leben: »ein Dämon, welcher lacht«.

»Diese Schrift von noch nicht 150 Seiten, heiter und verhängnissvoll im Ton, ein Dämon, welcher lacht –, das Werk von so wenig Tagen, dass ich Anstand nehme, ihre Zahl zu nennen, ist unter Büchern überhaupt die Ausnahme: es giebt nichts Substanzenreicheres, Unabhängigeres, Umwerfenderes, – Böseres.« (Ecce homo, KSA 6, 354)

Die Atmosphäre ist herbstlich. Nietzsche preist die Einsichten seines Buchs als verschwenderische Fülle reifer Früchte an.

»Ein grosser Wind bläst zwischen den Bäumen, und überall fallen Früchte nieder – Wahrheiten. Es ist die Verschwendung eines allzureichen Herbstes darin: man stolpert über Wahrheiten, man tritt selbst einige todt, – es sind ihrer zu viele ...« (Ecce homo, KSA 6, 354)

Charakterisiert Nietzsche in den bisher zitierten Passagen seine Bücher durch Stimmungen oder inhaltliche Kennzeichen, welche eine Schrift insgesamt durchziehen, so beschreibt er die Abschnitte der *Genealogie der Moral* als ein jeweils sich zuspitzendes Stimmungsgeschehen:

»Jedes Mal ein Anfang, der irre führen soll, kühl, wissenschaftlich, ironisch selbst, absichtlich Vordergrund, absichtlich hinhaltend. Allmählich mehr Unruhe; vereinzeltes Wetterleuchten; sehr unangenehme Wahrheiten aus der Ferne her mit dumpfem Gebrumm laut werdend, – bis endlich ein tempo feroce erreicht ist, wo Alles mit ungeheurer Spannung vorwärts treibt. Am Schluss jedes Mal, unter vollkommen schauerlichen Detonationen, eine neue Wahrheit zwischen dicken Wolken sichtbar.« (Ecce homo, KSA 6, 352)

Ein aufziehendes und sich schließlich entladendes Gewitter wird zum Bild für die sich in jedem Abschnitt zuspitzende Stimmung. Darüber hinaus qualifiziert »tempo feroce« das Tempo eines Musikstücks. Nietzsches Beschreibung der Abschnitte der Genealogie der Moral könnte auf den Satz einer Symphonie passen (beispielsweise auf den mit »Sturm« überschriebenen Satz von Beethovens 6. Symphonie). Die Gestaltung der Abschnitte folgt musikalischen Gesichtspunkten, nicht logischen.

Für *Also sprach Zarathustra* wird schließlich die Musik zum ausdrücklichen, gestaltenden Motiv:

»Rechne ich von diesem Tage ein paar Monate zurück, so finde ich, als Vorzeichen, eine plötzliche und im Tiefsten entscheidende Veränderung meines Geschmacks, vor Allem in der Musik. Man darf vielleicht den ganzen Zarathustra unter die Musik rechnen; – sicherlich war eine Wiedergeburt in der Kunst zu hören, eine Vorausbedingung dazu.« (Ecce homo, KSA 6, 335)

Nietzsches hohe Musikalität findet – auch während der Zeit, in welcher das Projekt *Also sprach Zarathustra* langsam Gestalt annimmt – in eigenen Kompositionen ihren Niederschlag. Er berichtet über seine Vertonung eines Texts von Lou Salomé:

»Insgleichen gehört in diese Zwischenzeit jener Hymnus auf das Leben (für gemischten Chor und Orchester), dessen Partitur vor zwei Jahren bei E. W. Fritzsch in Leipzig erschienen ist: ein vielleicht nicht unbedeutendes Symptom für den Zustand dieses Jahres, wo das jasagende Pathos par excellence, von mir das tragische Pathos genannt, im höchsten Grade mir innewohnte. Man wird ihn später einmal zu meinem Gedächtniss singen. –« (Ecce homo, KSA 6, 336)

Wenn er kommentierend zu einer Passage der Textvorlage schreibt: »Vielleicht hat auch meine Musik an dieser Stelle Grösse«, dann spricht sich darin eine Selbsteinschätzung aus, nach der Nietzsche sich zwar – und zu Recht – einiges musikalisches Talent zugute hält, seine Mitteilungs- und Gestaltungskraft aber in ein anderes Medium als die Komposition von Musikstücken verlegt. Mit dem *Zarathustra* sieht er sich an einem Punkt angelagt, wo individuelle Perspektiven und Gedankenerlebnisse und ihre sprachliche Mitteilung selbst musikalischen Charakter annehmen.

In seinem frühen Werk *Die Geburt der Tragödie aus dem Geiste der Musik* formuliert Nietzsche eine bemerkenswerte Rückwirkung der Musik auf die Sprache: bei dem Unternehmen »einen der Musik analogen Ausdruck« zu finden, wird der Text und sogar der Begriff selbst, von musikalischen Eigengesetzen bestimmt. Nicht mehr die logische Grammatik, sondern diese Eigengesetze gestalten den sprachlichen Ausdruck.

»Hiermit haben wir das einzig mögliche Verhältniss zwischen Poesie und Musik, Wort und Ton bezeichnet: das Wort, das Bild, der Begriff sucht einen der Musik analogen Ausdruck und erleidet jetzt die Gewalt der Musik an sich.« (KSA 1, 49)

Es ist eine ähnliche kompositorische Eigengesetzlichkeit, die Nietzsche in *Ecce homo* als seine »Inspiration« während der Abfassung von *Also sprach Zarathustra* beschreibt. Das Buch nimmt – Nietzsches Beschreibung nach – Gestalt an, ohne daß sein Autor Herr über die Gestaltungsprinzipien ist: »Alles geschieht im höchsten Grade unfreiwillig, aber wie in einem Sturme von Freiheits-Gefühl« (Ecce homo, KSA 6, 340). Der Gedankengang ist diskontinuierlich – keine stetige Entwicklung von Folgerungen oder zusammenhängenden Argumentationen: »wie ein Blitz leuchtet ein Gedanke auf, mit Nothwendigkeit, in der Form ohne Zögern, – ich habe nie eine Wahl gehabt« (Ecce homo, KSA 6, 339). Die Notwendigkeit, von der Nietzsche hier spricht, ist gerade nicht die Notwendigkeit einer logischen Folgerung. Es ist eine »Unfreiwilligkeit« von Eindrücken und Stimmungen, die auseinander hervorgehen, wie Töne einer Melodie:

»Die Unfreiwilligkeit des Bildes, des Gleichnisses ist das Merkwürdigste; man hat keinen Begriff mehr, was Bild, was Gleichniss ist, Alles bietet sich als der nächste, der richtigste, der einfachste Ausdruck.« (Ecce homo, KSA 6, 340)

Nietzsches Beschreibung der »Inspiration« zu *Also sprach Zarathustra* sei hier im Zusammenhang wiedergegeben:

»Hat jemand, Ende des neunzehnten Jahrhunderts, einen deutlichen Begriff davon, was Dichter starker Zeitalter Inspiration nannten? Im andren Falle will ich's beschreiben. Mit dem geringsten Rest von Aberglauben in sich würde man in der That die Vorstellung, bloss Incarnation, bloss Mundstück, bloss medium übermächtiger Gewalten zu sein, kaum abzuweisen wissen. Der Begriff Offenbarung, in dem Sinn, dass plötzlich, mit unsäglicher Sicherheit und Feinheit, Etwas sichtbar, hörbar wird, Etwas, das Einen im Tiefsten erschüttert und umwirft, beschreibt einfach den Thatbestand. Man hört, man sucht nicht; man nimmt, man fragt nicht, wer da giebt; wie ein Blitz leuchtet ein Gedanke auf, mit Nothwendigkeit, in der Form ohne Zögern, – ich habe nie eine Wahl gehabt. Eine Entzückung, deren ungeheure Spannung sich mitunter in einen Thränenstrom auslöst, bei der der Schritt unwillkürlich bald stürmt, bald langsam wird; ein vollkommnes Ausser-sich-sein mit dem distinktesten Bewusstsein einer Unzahl feiner Schauder und Überrieselungen bis in die Fusszehen; eine Glückstiefe, in der das Schmerzlichste und Düsterste nicht als Gegensatz wirkt, sondern als bedingt, als herausgefordert, sondern als eine nothwendige Farbe innerhalb eines solchen Lichtüberflusses; ein Instinkt rhythmischer Verhältnisse, der weite Räume von Formen überspannt – die Länge, das Bedürfniss nach einem weitgespannten Rhythmus ist beinahe das Maass für die Gewalt der Inspiration, eine Art Ausgleich gegen deren Druck und Spannung ... Alles geschieht im höchsten Grade unfreiwillig, aber wie in einem Sturme von Freiheits-Gefühl, von Unbedingtsein, von Macht, von Göttlichkeit ... Die Unfreiwilligkeit des Bildes, des Gleichnisses ist das Merkwürdigste; man hat keinen Begriff mehr, was Bild, was Gleichniss ist, Alles bietet sich als der nächste, der richtigste, der einfachste Ausdruck. Es scheint wirklich, um an ein Wort Zarathustra's zu erinnern, als ob die Dinge selber herankämen und sich zum Gleichnisse anböten (– ›hier kommen alle Dinge liebkosend zu deiner Rede und schmeicheln dir: denn sie wollen auf deinem Rücken reiten. Auf jedem Gleichniss reitest du hier zu jeder Wahrheit. Hier springen dir alles Seins Worte und Wort-Schreine auf; alles Sein will hier Wort werden, alles Werden will von dir reden lernen –‹). Dies ist meine Erfahrung von Inspiration; ich zweifle nicht, dass man Jahrtausende zurückgehn muss, um jemanden zu finden, der mir sagen darf ›es ist auch die meine‹.« (Ecce homo, KSA 6, 339f.)

Die Eigengesetzlichkeit dieser »Inspiration« überbrückt Gegensätze, die logisch unüberbrückbar wären. In *Ecce homo* wird klar, welche Rolle die Gestaltungskraft der – musikalischen – Inspiration spielt: sie erlaubt die bejahende Integration aller, auch abgründlicher, Aspekte des Daseins im Medium »eine[r] Glückstiefe, in der das Schmerzlichste und Düsterste nicht als Gegensatz wirkt, sondern als bedingt, als herausgefordert, sondern als eine nothwendige Farbe innerhalb eines solchen Lichtüberflusses«. An die nach Nietzsches Selbstverständnis musikalische Form der Mitteilung knüpft er die Hoffnung, selbst einzigartiges Leiden noch in einer Weise zu äußern, die seine Bejahung nachvollziehbar macht:

»Dergleichen ist nie gedichtet, nie gefühlt, nie gelitten worden: so leidet ein Gott, ein Dionysos. Die Antwort auf einen solchen

Dithyrambus der Sonnen-Vereinsamung im Lichte wäre Ariadne... Wer weiss ausser mir, was Ariadne ist! ...« (Ecce homo, KSA 6, 348)

Nebenbei angemerkt: Nietzsches merkwürdige Andeutung löste eine Fülle von Versuchen aus, »Ariadne« zu enträtseln. Als weiterführende Lektüre hierzu sei an dieser Stelle ausdrücklich auf den Aufsatz Jörg Salaquardas »Noch einmal Ariadne – Die Rolle Cosima Wagners in Nietzsches Literarischem Rollenspiel« (NSt 25, 99–125) verwiesen.

Nietzsches philosophische Mitteilungen unterwerfen sich nicht – oder zumindest niemals vollständig – einer logischen Folgehaftigkeit oder methodischen Systematik. Dies steht im Einklang zu Nietzsches philosophischer Ablehnung, das Dasein insgesamt als vernunftförmig und logisch beschreibbar anzuerkennen. Das Bestechende an seinen Büchern ist Nietzsches Fähigkeit, bei den Lesern Stimmungen zu evozieren, die ein Eigenleben entfalten, Bilder oder Formulierungen zu verwenden, die unvermeidlich haften bleiben. Bestechend ist das sprachliche wie gedankliche Eigenleben seiner Texte. Nach Nietzsches später Selbstauslegung besteht der Zusammenhang seiner Texte in ihrer gemeinsamen Quelle: sie sind der Ausdruck seiner Persönlichkeit, Mitteilungsversuche »eine[r] ungeheure[n] Vielheit, die trotzdem das Gegenstück des Chaos ist« (Ecce homo, KSA 6, 295). Nietzsches Texte organisieren sich lebendig. Sie dokumentieren eine Gestaltungsfähigkeit, für die Nietzsche in *Ecce homo* mehrfach einen Begriff verwendet, der später noch zu erläutern sein wird: Bezogen auf *Also sprach Zarathustra* schreibt er: »mein Begriff ›dionysisch‹ wurde hier höchste That« (Ecce homo, KSA 6, 343).

Der Wendepunkt: *Also sprach Zarathustra*

Bei der einzelnen Betrachtung der Selbstkommentare Nietzsches zu seinen Schriften kann leicht das Gesamtbild aus dem Blickfeld geraten. Ein Charakteristikum dieses Gesamtbildes deutet sich bereits im Vorwort des *Ecce homo* an:

»Innerhalb meiner Schriften steht für sich mein Zarathustra. Ich habe mit ihm der Menschheit das grösste Geschenk gemacht, das ihr bisher gemacht worden ist. Dies Buch, mit einer Stimme über Jahrtausende hinweg, ist nicht nur das höchste Buch, das es giebt, das eigentliche Höhenluft-Buch – die ganze Thatsache Mensch liegt in ungeheurer Ferne unter ihm –, es ist auch das tiefste, das aus dem innersten Reichthum der Wahrheit heraus geborene, ein unerschöpflicher Brunnen, in den kein Eimer hinabsteigt, ohne mit Gold und Güte gefüllt heraufzukommen.« (Ecce homo, KSA 6, 259)

Nietzsche weist bereits im Vorwort dem *Zarathustra* eine exponierte, ja einzigartige, Stellung innerhalb seiner Schriften zu. Diese Tendenz prägt *Ecce homo* insgesamt. Der Abschnitt »Warum ich so klug bin« ist der einzige des ganzen Buchs, der kein längeres Zitat aus *Also sprach Zarathustra* enthält. Alle anderen Abschnitte zitieren längere Passagen dieser Schrift. Manche dieser Zitate füllen mehr als eine Druckseite des *Ecce homo.*

Die Entscheidung Nietzsches, seine »Litteratur« auf »das Ereignis Zarathustra« hin zuzuspitzen und zu pointieren, drückt auch den Kommentaren zu den einzelnen Schriften ihren Stempel auf, am auffälligsten vielleicht gleich zu Beginn im Abschnitt über *Die Geburt der Tragödie*. Hier kommentiert er im Vorgriff – aber inhaltlich passend – das letzte Stück seiner *Unzeitgemäßen Betrachtungen*:

»Der Beweis dafür, so stark als nur ein Beweis sein kann, ist meine Schrift ›Wagner in Bayreuth‹: an allen psychologisch entscheidenden Stellen ist nur von mir die Rede, man darf rücksichtslos meinen Namen oder das Wort ›Zarathustra‹ hinstellen, wo der Text das Wort Wagner giebt. Das ganze Bild des dithyrambischen Künstlers ist das Bild des präexistenten Dichters des Zarathustra, mit abgründlicher Tiefe hingezeichnet und ohne einen Augenblick die Wagnersche Realität auch nur zu berühren. Wagner selbst hatte einen Begriff davon; er erkannte sich in der Schrift nicht wieder.« (Ecce homo, KSA 6, 314)

Wie radikal – und heikel – diese Uminterpretation der vierten Unzeitgemäßen Betrachtung zu einem »Bild des präexistenten Dichters des Zarathustra« ist, wird angesichts der Rolle und des Entstehungskontextes dieser Schrift deutlich: Im September 1875 unterbricht Nietzsche die Arbeit an der »unpublicierbaren Betrachtung Nr. 4« (An Carl von Gersdroff, 26.9.1875; KSB 5, 114) und nimmt sie erst im folgenden Jahr wieder auf. In einem Entwurf zu einem Begleitbrief an Wagner nennt er sie »eine Art Bayreuther Festpredigt« (An Richard Wagner (Entwurf), Juli 1876; KSB 5, 173). Nietzsches Beschwörung der mit den Wagners geteilten Ideale ist – wie Mazzino Montinari nachwies – interessanterweise über weite Passagen eine Montage aus Zitaten aus früheren Schriften Wagners, die sich bruchlos in den Text fügen (möglicherweise »erkannte« Wagner sich in diesem Sinne »in der Schrift nicht wieder«). Die Schrift stößt bei Richard und Cosima Wagner auf ein freundliches Echo. Nietzsches innere Distanz zu Wagner wächst jedoch noch während der Abfassung dem Bruch entgegen, den er 1876 – zunächst nur innerlich – vollzieht: »Schon im Sommer 1876, mitten in der Zeit der ersten Festspiele, nahm ich bei mir von Wagnern Abschied. Ich vertrage nichts Zweideutiges; seitdem Wagner in Deutschland war, condescendierte er Schritt für Schritt zu Allem, was ich verachte – selbst zum Antisemitismus« (KSA 6, 431). Die unterschwellige Ablösung von Wagner kommentiert Nietzsche in *Ecce homo* in seine letzte für und nicht gegen Wagner verfaßte Schrift hinein, die nun zum Nachweis des »präexistenten Dichters des Zarathustra« wird.

Ähnlich radikal verfährt Nietzsche auch mit der *Fröhlichen Wissenschaft*. Schreibt Nietzsche noch 1887 in der umfangreichen, nachgetragenen Vorrede zu diesem Buch: »Diesem Buch tut vielleicht nicht nur Eine Vorrede not; [...]« (KSA 3, S. 345), so verkürzt sich sein Kommentar in *Ecce homo* auf wenige Absätze. Im Mittelpunkt des Abschnittes steht das Gedicht, das Nietzsche dem vierten Buch der *Fröhlichen Wissenschaft* als Motto voranstellt (KSA 3, 521). Anschließend erläutert er daraus die Zeilen »Dass sie [meine Seele] brausend nun zum Meere / Ihrer höchsten Hoffnung eilt«:

»Was hier ›höchste Hoffnung‹ heisst, wer kann darüber im Zweifel sein, der als Schluss des vierten Buchs die diamantene Schönheit der ersten Worte des Zarathustra aufglänzen sieht? – Oder der die granitnen Sätze am Ende des dritten Buchs liest, mit denen sich ein Schicksal für alle Zeiten zum ersten Male in Formeln fasst? –« (Ecce homo, KSA 6, 333)

Die gesamte *Fröhliche Wissenschaft* wird so zu einen Buch des Übergangs, mit welchem Nietzsche auf das »Ereignis Zarathustra« zueilt.

Endlich stellt Nietzsche im Abschnitt zu *Also sprach Zarathustra* diese Schrift nicht nur in das Zentrum seines Werks, sondern erklärt die Abfassung der drei veröffentlichten Teile gleichermaßen zu Höhepunkten seines Lebens »Abgesehn von diesen Zehn-Tage-Werken [den (veröffentlichten) drei Teilen des Zarathustra] waren die Jahre während und vor Allem nach dem Zarathustra ein Nothstand ohne Gleichen. Man büsst es theuer, unsterblich zu sein [...]« (Ecce homo, KSA 6, 341f.).

Nietzsches später Auslegung seiner »Litteratur« nach weisen die Schriften vor dem *Zarathustra* auf dieses Zentrum voraus. Analog dazu interpretiert Nietzsche die Schriften nach dem *Zarathustra* als konsequente Fortführung einer Aufgabe, die sich durch den *Zarathustra* stellt:

»Die Aufgabe für die nunmehr folgenden Jahre war so streng als möglich vorgezeichnet. Nachdem der jasagende Theil meiner

Aufgabe gelöst war, kam die neinsagende, neinthuende Hälfte derselben an die Reihe: die Umwerthung der bisherigen Werthe selbst, der grosse Krieg, – die Heraufbeschwörung eines Tags der Entscheidung.« (Ecce homo, KSA 6, 350)

Dieser Hinweis ist außerordentlich hilfreich bei dem Versuch, *Also sprach Zarathustra* – auch im Kontext der Schriften Nietzsches ein problematisches Ausnahmewerk – einzuordnen. Aus »[...] jene[r] Neutralität, jene[r] Freiheit von Partei im Verhältnis zum Gesammtprobleme des Lebens, die mich vielleicht auszeichnet« (Ecce homo, KSA 6, 264), will Nietzsche zu einer Perspektive gelangt sein, aus der sich das Dasein insgesamt als sinnhaft, als »gerechtfertigt« erweist. Den *Zarathustra* interpretiert er als einen Versuch, diese bejahende Perspektive mitzuteilen:

»Zarathustra bestimmt einmal, mit Strenge, seine Aufgabe – es ist auch die meine –, dass man sich über den Sinn nicht vergreifen kann: er ist jasagend bis zur Rechtfertigung, bis zur Erlösung auch alles Vergangenen.« (Ecce homo, KSA 6, 348)

Im Kontrast zur Perspektive des *Zarathustra* erweisen sich die bisherigen Sinnstiftungen und Wertungen allesamt als unzureichend oder unwahrhaftig. Die Aufgabe, die sich – Nietzsches später Selbstauslegung nach – im Anschluß an den *Zarathustra* abzeichnet, besteht in der Destruktion der bisherigen Sinnstiftungen zugunsten dieser Neuen daseinsbejahenden Perspektive. Für dieses Projekt steht die Formulierung »Umwerthung der bisherigen Werthe«, die hier die Formel »Umwerthung aller Werthe« auf die Periode nach dem *Zarathustra* insgesamt ausdehnt.

Ein Abschluß

Hiermit ist die zweite Pointierung erreicht, die Nietzsche in der Selbstauslegung seiner »Litteratur« vornimmt. Wie bereits erwähnt, versteht Nietzsche *Ecce homo* auch als »Vorspiel der Umwerthung aller Werthe«. Hier tritt diese Formel im engeren Sinne als Titel des Buchprojekts auf, welches er – in der gesteigerten Euphorie der Novembertage 1888 – als mit dem *Antichrist* abgeschlossen ansieht. Die »Umwerthung aller Werthe« wird in den November-Briefen Nietzsches zum zweiten einschneidenden Ereignis neben dem *Zarathustra*:

»Ich bereite ein Ereigniß vor, welches höchst wahrscheinlich die Geschichte in zwei Hälften spaltet, bis zu dem Punkte, daß wir eine neue Zeitrechnung haben werden: von 1888 als Jahr Eins an [...] – Ich will in 3 Wochen Aufträge zur Herstellung einer Manuskript-Edition geben von ›Der Antichrist. Umwerthung aller Werthe‹, sie bleibt vollkommen geheim: sie dient mir als Agitations-Ausgabe.« (An Georg Brandes (Entwurf), Anfang Dezember 1888; KSB 8, 500)

Angesichts des sich bereits in Nietzsches Stimmung ankündigenden geistigen Zusammenbruchs ist Vorsicht geboten. Die Einschätzung des *Antichrist* als zweites Ereignis wirkt überzogen. Die weiter oben aufgeführte Passage, in der Nietzsche seine »Aufgabe« skizziert, zeigt jedoch, daß dieses zweite Ereignis nicht unabhängig von dem ersten zu sehen ist. Bei aller Vorsicht läßt sich hiervon ausgehend selbst an diesem heiklen Punkt noch eine – wenn auch schmale Brücke – des Verständnisses konstruieren: Gesetzt mit *Der Antichrist* wäre die »Umwerthung aller Werthe« vollendet, so hätte Nietzsche nach dem ersten »jasagende[n] Theil« seiner Aufgabe nun auch die »zweite neinthuende Hälfte derselben« gelöst. In *Ecce homo* gestaltet er ein Bild seiner »Litteratur« als Gesamtwerk, in dem sich *Also sprach Zarathustra* als Höhepunkt und die – angekündigte – »Umwerthung aller Werthe« als Schlußakkord darstellen. In der Euphorie der Novembertage erscheint ihm dieses Gesamtwerk als fertig. Nicht *Der Antichrist* allein, sondern die Lösung seiner großen »Aufgabe« und der nun mögliche Beginn einer tatsächlichen »Umwerthung aller

Werthe« wären nach dieser Interpretation das zweite, nicht mehr nur literarische Ereignis, das Nietzsche so euphorisch ankündigt.

Der zweite Spannungsbogen, den Nietzsche in die Darstellung seiner Schriften einschreibt, ist die Verwirklichung der »Umwerthung aller Werthe«, hier zu verstehen als philosophisches, ja sogar kulturelles Projekt.

Der Spannungsbogen hebt an im Kommentar zu *Menschliches, Allzumenschliches*. Die Operation, mit der Nietzsche hier die Akzentuierung vornimmt, ist akrobatisch. Ausgangspunkt ist ein Zitat aus dem 37. Abschnitt von *Menschliches, Allzumenschliches*. An der wiedergegebenen Stelle findet sich ein zustimmender Kommentar Nietzsches zu einem Zitat aus dem Buch *Über den Ursprung der moralischen Empfindung* von Paul Rée. Dieser ist zur Zeit der Abfassung von *Menschliches, Allzumenschliches* der vielleicht wichtigste Freund Nietzsches und Gegenüber eines intensiven Gedankenaustauschs. In *Ecce homo* montiert Nietzsche in das Zitat den Anspruch hinein, der eigentliche gedankliche Vater des aus Rées Buch zitierten Satzes zu sein. Anschließend deutet er die Methode, welche diesen Satz hervorgebracht und schlagkräftig gemacht hat, die »historische Erkenntniss«, zum Begriff der »Umwerthung aller Werthe« um:

»Die Stelle lautet: welches ist doch der Hauptsatz, zu dem einer der kühnsten und kältesten Denker, der Verfasser des Buchs ›über den Ursprung der moralischen Empfindungen‹ (lisez: Nietzsche, der erste Immoralist) vermöge seiner ein- und durchschneidenden Analysen des menschlichen Handelns gelangt ist? ›Der moralische Mensch steht der intelligiblen Welt nicht näher als der physische – denn es giebt keine intelligible Welt ...‹ Dieser Satz, hart und schneidig geworden unter dem Hammerschlag der historischen Erkenntniss (lisez: Umwerthung aller Werthe) kann vielleicht einmal, in irgend welcher Zukunft – 1890! – als die Axt dienen, welche dem ›metaphysischen Bedürfniss‹ der Menschheit an die Wurzel gelegt wird, – ob mehr zum Segen oder zum Fluche der Menschheit, wer wüsste das zu sagen? Aber jedenfalls als ein Satz der erheblichsten Folgen, fruchtbar und furchtbar zugleich und mit jenem Doppelblick in die Welt sehend, welchen alle grossen Erkenntnisse haben...« (Ecce homo, KSA 6, 328)

Über die beiden durch »lisez« – lies: – gekennzeichneten Anmerkungen hinaus führt Nietzsche eine weitere feine Änderung an dem – sonst gegenüber der Passage aus *Menschliches, Allzumenschliches* unveränderten – Text durch. Der Punkt nach dem letzten Satz wird zu den drei Auslassungspunkten, mit denen Nietzsche häufig seine Formulierungen öffnet, zu Andeutungen werden läßt. Die Axt am »metaphysischen Bedürfniss«, an den bisherigen Sinnstiftungen der Menschheit, deutet nun in der Tat auf die »Umwerthung aller Werthe« voraus.

Schon der nächste Selbstkommentar in *Ecce homo*, der Kommentar zur *Morgenröthe*, greift das Thema der »Umwerthung« wieder auf:

»Wo sucht sein Urheber jenen neuen Morgen, jenes bisher noch unentdeckte zarte Roth, mit dem wieder ein Tag – ah, eine ganze Reihe, eine ganze Welt neuer Tage! – anhebt? In einer Umwerthung aller Werthe, in einem Loskommen von allen Moralwerthen, in einem Jasagen und Vertrauen-haben zu Alledem, was bisher verboten, verachtet, verflucht worden ist. Dies jasagende Buch strömt sein Licht, seine Liebe, seine Zärtlichkeit auf lauter schlimme Dinge aus, es giebt ihnen ›die Seele‹, das gute Gewissen, das hohe Recht und Vorrecht auf Dasein wieder zurück. Die Moral wird nicht angegriffen, sie kommt nur nicht mehr in Betracht...« (Ecce homo, KSA 6, 330)

Nietzsche arbeitet hier mit einer doppelten Akzentuierung: Die Formel »Umwerthung aller Werthe« deutet voraus auf die »neinthuende Hälfte« seiner Aufgabe – »die Umwerthung der bisherigen Werthe selbst, der grosse Krieg« (Ecce homo, KSA 6, 350), während gleichzeitig die Charakterisierung der *Morgenröthe* als »jasagende[s]« Buch das Motiv der Vorbereitung des *Zarathustra* anklingen läßt.

Die fröhliche Wissenschaft wird ganz als Auftakt zum *Zarathustra* dargestellt, daher überwiegt konsequenterweise dieser zweite Akzent hier: »Die ›Morgenröthe‹ ist ein jasagendes Buch, tief, aber hell und gütig. Dasselbe gilt noch einmal und im höchsten Grade von der gaya scienza [d. h. der *Fröhlichen Wissenschaft*]: [...]« (Ecce homo, KSA 6, 333). Ein leiser Nachklang des – mit der Überwindung der Moral verknüpften – Motivs der »Umwerthung« findet sich aber auch hier: »das allerletzte Gedicht [aus Die Lieder des Prinzen Vogelfrei, dem Anhang der *Fröhlichen Wissenschaft*] zumal, ›an den Mistral‹, ein ausgelassenes Tanzlied, in dem, mit Verlaub! über die Moral hinweggetanzt wird, ist ein vollkommner Provençalismus« (Ecce homo, KSA 6, 334).

Die Werke, die auf den *Zarathustra* folgen, werden durch die bereits zitierte Passage am Beginn des Abschnitts zu *Jenseits von Gut und Böse* pauschal für das Projekt der »Umwerthung« in Dienst genommen. Der Spannungsbogen endet explizit mit der Aussicht auf das Erscheinen der »Umwerthung« (hier des Buchs) im letzten Absatz von *Der Fall Wagner*, der gleichzeitig der letzte Absatz des Kapitels »Warum ich so gute Bücher schreibe« ist: »Und so habe ich, zwei Jahre ungefähr vor dem zerschmetternden Blitzschlag der Umwerthung, der die Welt in Convulsionen versetzen wird, den ›Fall Wagner‹ in die Welt geschickt: [...]« (Ecce homo, KSA 6, 364).

In zehn Portraits zeichnet Nietzsche die Charakteristika der einzelnen Bücher seiner »Litteratur«. In ihrer Abfolge bilden diese Portraits gleichzeitig ein Panorama seiner Denklandschaft. Nietzsches Gestaltungskunst sorgt dafür, daß *Also sprach Zarathustra* das Zentrum dieses Panoramas bildet und daß gleichzeitig ein durchgängiger Spannungsbogen das Projekt einer »Umwerthung aller Werthe« vorbereitet. Schließlich entwirft er eine Szenerie, in der *Also sprach Zarathustra* und das Projekt der »Umwerthung« jeweils eine Hälfte der Lösung der einen, zentralen »Aufgabe« ausmachen: der Bejahung des Daseins »bis zur Rechtfertigung, bis zur Erlösung auch alles Vergangenen« (Ecce homo, KSA 6, 348).

»Ein Buch für alle und Keinen«

Die Formel der Bejahung

»Ich erzähle nunmehr die Geschichte des Zarathustra. Die Grundconception des Werks, der Ewige-Wiederkunfts-Gedanke, diese höchste Formel der Bejahung, die überhaupt erreicht werden kann –, gehört in den August des Jahres 1881: er ist auf ein Blatt hingeworfen, mit der Unterschrift: ›6000 Fuss jenseits von Mensch und Zeit‹. Ich gieng an jenem Tage am See von Silvaplana durch die Wälder; bei einem mächtigen pyramidal aufgethürmten Block unweit Surlei machte ich Halt. Da kam mir dieser Gedanke.« (Ecce homo, KSA 6, 335)

Nietzsches Kommentar zu *Also sprach Zarathustra* bildet das Zentrum des Kapitels »Warum ich so gute Bücher« schreibe. Wie bereits berichtet, finden sich darüber hinaus Hinweise auf dieses Buch und Zitate langer Passagen daraus im ganzen *Ecce homo*. Nietzsche setzt in *Ecce homo* entscheidende Pointierungen, die zur – schwierigen – Auslegung von *Also sprach Zarathustra* hilfreich sind. Sie sollen hier wenigstens skizzenhaft nachgezeichnet werden. Die entscheidende Pointe enthält schon der zweite Satz seines Selbstkommentars. Der »Ewige-Wiederkunfts-Gedanke« wird darin als Zentrum der Konzeption des *Zarathustra* gekennzeichnet. Nun wird die »ewige Wiederkehr des Gleichen« im *Zarathustra* erst spät überhaupt geäußert. Im Vordergrund scheint der Begriff »Übermensch« zu stehen – von Zarathustra gleich zu Anfang des ersten Buchs in einer Predigt ausgerufen und über weite Strecken des Werks präsent. Noch ein weiteres Zentrum des Denkens Nietzsches in den achtziger Jahren, das sich durchaus in *Also sprach Zarathustra* niederschlägt, wird gerade nicht als Zentrum benannt: der »Wille zur Macht«.

Nun ist der datierte und lokalisierte Teil der Entstehungsgeschichte, die Nietzsche hier angibt, anhand der erwähnten ersten Notiz des Gedankens nachweisbar. Das erwähnte Blatt liegt in Nietzsches Nachlaß vor (NF, KSA 9, 494). Verglichen mit der Bedeutung als »Grundconception« von *Also sprach Zarathustra*, die Nietzsche diesem Gedanken in *Ecce homo* zumißt, überrascht es, daß sich in seiner »Litteratur« – einschließlich des *Zarathustra* – verhältnismäßig wenige explizite Äußerungen dazu finden. Insbesondere gibt es keine ausgearbeitete systematische »Lehre« der »Ewigen Wiederkunft«.

Es gibt einen Gedanken, es gibt Nietzsches Hinweise auf dessen Bedeutung, und es gibt einige wenige – offensichtlich zögerliche – Mitteilungen. Auch in *Ecce homo* finden sich nur spärliche Hinweise darauf, was es inhaltlich damit auf sich hat. Geradezu beiläufig gibt er zunächst eine wenig ergiebige Erläuterung der Wortbedeutung:

»Die Lehre von der ›ewigen Wiederkunft‹, das heisst vom unbedingten und unendlich wiederholten Kreislauf aller Dinge – diese Lehre Zarathustra's könnte zuletzt auch schon von Heraklit gelehrt worden sein. Zum Mindesten hat die Stoa, die fast alle ihre grundsätzlichen Vorstellungen von Heraklit geerbt hat, Spuren davon. –« (Ecce homo, KSA 6, 313)

Ein bloß zyklisches Zeit- oder Geschichtsmodell ist aber weder zentrales Thema noch gar »Grundconception« von *Also sprach Zarathustra*. Es ist auch allenfalls ein Teilaspekt, daß sich Nietzsche während der ersten Hälfte der achtziger Jahre in der Tat intensiv darum bemüht, auch aus der zeitgenössischen naturwissenschaftlichen Diskussion Argumente für eine »Wiederkehr des Gleichen« zu finden. So notiert er sich im Herbst 1881 die folgende Argumentation:

»Die Welt der Kräfte erleidet keine Verminderung: denn sonst wäre sie in der unendlichen Zeit schwach geworden und zu

Grunde gegangen. Die Welt der Kräfte erleidet keinen Stillstand: denn sonst wäre er erreicht worden, und die Uhr des Daseins stünde still. Die Welt der Kräfte kommt also nie in ein Gleichgewicht, sie hat nie einen Augenblick der Ruhe, ihre Kraft und ihre Bewegung sind alle gleich groß für jede Zeit. Welchen Zustand diese Welt auch nur erreichen kann, sie muß ihn erreicht haben und nicht einmal, sondern unzählige Male und wird ebenso wiederkehren, alle Kräfte genau so vertheilt, wie jetzt.« (NF, KSA 9, 498)

Hier stellt sich die ewige Wiederkehr des Gleichen als ein zeitlich unbegrenztes kombinatorisches Spiel dar: Endlich viele Möglichkeiten werden darin notwendigerweise unendlich oft wiederholt, werden aufs Neue zu einem »Augenblick« kombiniert.

In Nietzsches zur Veröffentlichung bestimmtem Werk fehlt eine solche argumentative Absicherung der Ewigen Wiederkunft weitgehend. Dort stellt er eine solche Perspektive als möglich dar. Das Augenmerk liegt auf der Frage: »Wie, wenn dir eines Tages oder Nachts, ein Dämon in deine einsamste Einsamkeit nachschliche und dir sagte: ›Dieses Leben, wie du es jetzt lebst und gelebt hast, wirst du noch einmal und noch unzähliche Male leben müssen; und es wird nichts Neues daran sein, [...]. Die ewige Sanduhr des Daseins wird immer wieder umgedreht – und du mit ihr, Stäubchen vom Staube‹ [...]?« (KSA 3, 570). Es geht um eine Frage an den Einzelnen, die Möglichkeit einer individuellen Perspektive. Auch die oben zitierte Argumentation läuft auf eine solche individuelle Perspektive hinaus, Nietzsche notiert sich weiter:

»[...] Mensch! Dein ganzes Leben wird wie eine Sanduhr immer wieder umgedreht werden und immer wieder auslaufen – eine große Minute Zeit dazwischen, bis alle Bedingungen, aus denen du geworden bist, im Kreislaufe der Welt, wieder zusammenkommen.« (NF, KSA 9, 498)

Aus dieser Perspektive gesehen verewigt sich jeder Augenblick. Kein Moment des Daseins ist bloß ein flüchtiger

Übergang, der danach ausgestanden wäre. Nietzsches Notiz »Dieses Leben – dein ewiges Leben« (NF, KSA 9, 513) – formuliert eine Perspektive radikaler Diesseitigkeit, Immanenz. Es gibt nichts nach, über oder neben diesem Dasein, keine religiöse oder utopisch-idealistische Erlösung, und jeder seiner Momente ist gleichermaßen ewig. Als zentrales Problem von *Also sprach Zarathustra*, als die »Grundconception des Werks« identifiziert Nietzsche in *Ecce homo* die Möglichkeit zur Bejahung eines Daseins aus dieser Perspektive einer radikalen Immanenz.

»Zarathustra ist ein Tänzer –; wie der, welcher die härteste, die furchtbarste Einsicht in die Realität hat, welcher den ›abgründlichsten Gedanken‹ gedacht hat, trotzdem darin keinen Einwand gegen das Dasein, selbst nicht gegen dessen ewige Wiederkunft findet, – vielmehr einen Grund noch hinzu, das ewige Ja zu allen Dingen selbst zu sein, ›das ungeheure unbegrenzte Ja- und Amen-sagen‹ ... ›In alle Abgründe trage ich noch mein segnendes Jasagen‹ ... Aber das ist der Begriff des Dionysos noch einmal.« (Ecce homo, KSA 6, 345)

Auf dem Spiel steht, ob das Dasein seinen Sinn überhaupt in sich selbst findet, wenn weder ein Jenseits noch selbst eine Zukunft Sinn stiften kann, sondern allein der Augenblick. Damit dies gelingen kann, muß unter der Voraussetzung der »Ewigen Wiederkehr« auch das Widerwärtigste bejaht werden; und so konzipiert Nietzsche Zarathustra als den »Überwinder des grossen Ekels« (KSA 4, 334). In *Ecce homo* kennzeichnet Nietzsche diese Aufgabe als seine eigene; in *Also sprach Zarathustra* delegiert er sie versuchsweise an die Kunstfigur des Zarathustra:

»Zarathustra bestimmt einmal, mit Strenge, seine Aufgabe – es ist auch die meine –, dass man sich über den Sinn nicht vergreifen kann: er ist jasagend bis zur Rechtfertigung, bis zur Erlösung auch alles Vergangenen.« (Ecce homo, KSA 6, 348)

Der Typus Zarathustra

Nach dem Gedanken der »Ewigen Wiederkehr« ist der »Typus« des Zarathustra das zweite gedankliche Ereignis, das Nietzsche in seinem Selbstkommentar exakt biographisch lokalisiert – und dessen Bedeutung er dadurch hervorhebt.

»Den darauf folgenden Winter lebte ich in jener anmuthig stillen Bucht von Rapallo unweit Genua, die sich zwischen Chiavari und dem Vorgebirge Porto fino einschneidet. Meine Gesundheit war nicht die beste; der Winter kalt und über die Maassen regnerisch; ein kleines Albergo, unmittelbar am Meer gelegen, so dass die hohe See nachts den Schlaf unmöglich machte, bot ungefähr in Allem das Gegentheil vom Wünschenswerthen. Trotzdem und beinahe zum Beweis meines Satzes, dass alles Entscheidende ›trotzdem‹, entsteht, war es dieser Winter und diese Ungunst der Verhältnisse, unter denen mein Zarathustra entstand. – Den Vormittag stieg ich in südlicher Richtung auf der herrlichen Strasse nach Zoagli hin in die Höhe, an Pinien vorbei und weitaus das Meer überschauend; des Nachmittags, so oft es nur die Gesundheit erlaubte, umgieng ich die ganze Bucht von Santa Margherita bis hinter nach Porto fino. Dieser Ort und diese Landschaft ist durch die grosse Liebe, welche der unvergessliche deutsche Kaiser Friedrich der Dritte für sie fühlte, meinem Herzen noch näher gerückt; ich war zufällig im Herbst 1886 wieder an dieser Küste, als er zum letzten Mal diese kleine vergessne Welt von Glück besuchte. – Auf diesen beiden Wegen fiel mir der ganze erste Zarathustra ein, vor Allem Zarathustra selber, als Typus: richtiger, er überfiel mich ...« (Ecce homo, KSA 6, 336f.)

Nietzsche gestaltet den Typus Zarathustra als Ausgangspunkt einer neuen Perspektive. Es geht nicht nur darum, was Zarathustra mitteilt, sondern was er ist. In seiner ersten Notiz des »Ewigen-Wiederkunfts-Gedankens« verwendet Nietzsche mehrfach die Formulierung »Einverleiben«. »Einverleibt« werden »Grundirrthümer«, »Leidenschaften«, »Wissen« und schließlich auch der Wiederkunftsgedanke. Eine Daseinsform ist eine leibhaftige Perspektive:

Zwischen Gedanken als »Symptomen«, also Lebensäußerungen, und dem Leben als »Experiment des Erkennenden« (KSA 3, 553) besteht eine Wechselbeziehung. Was aus einem Menschen wird, hängt entscheidend davon ab, mit welchen Wertschätzungen er lebt, umgekehrt sind Wertschätzungen nicht Erzeugnisse des Intellekts, sondern des kompletten leiblichen und geistigen Lebens. Im Sinne dieses Gedankenkreises ist es verständlich, daß Nietzsche die Besonderheit des Typus Zarathustra erläutert, indem er dessen »physiologische Voraussetzung« beschreibt.

»Um diesen Typus zu verstehn, muss man sich zuerst seine physiologische Voraussetzung klar machen: sie ist das, was ich die grosse Gesundheit nenne. Ich weiss diesen Begriff nicht besser, nicht persönlicher zu erläutern, als ich es schon gethan habe, in einem der Schlussabschnitte des fünften Buchs der ›gaya scienza‹.« (Ecce homo, KSA 6, 337)

Die große Gesundheit

Mit dem Typus des Zarathustra gestaltet Nietzsche eine Figur, welche die Perspektive des »Ewigen-Wiederkunfts-Gedankens« hervorbringt und aushält, die leibhaftige »grosse Gesundheit«. Das lange Selbstzitat aus der *Fröhlichen Wissenschaft* (KSA 3, 635ff.), das Nietzsche einfügt, um seine Formulierung »grosse Gesundheit« zu erläutern, stellt Neugier, Verwegenheit, Selbstgefährdung und Lebenslust als hervorstechende Charakterzüge eines Menschen dar, der über diese »grosse Gesundheit« verfügt:

»›Wir Neuen, Namenlosen, Schlechtverständlichen – heisst es daselbst – wir Frühgeburten einer noch unbewiesenen Zukunft, wir bedürfen zu einem neuen Zwecke auch eines neuen Mittels, nämlich einer neuen Gesundheit, einer stärkeren gewitzteren zäheren verwegneren lustigeren, als alle Gesundheiten bisher waren. Wessen Seele darnach dürstet, den ganzen Umfang der bisherigen Werthe und Wünschbarkeiten erlebt und alle Küsten dieses idealischen ›Mittelmeers‹ umschifft zu haben, wer aus den

Abenteuern der eigensten Erfahrung wissen will, wie es einem Eroberer und Entdecker des Ideals zu Muthe ist, insgleichen einem Künstler, einem Heiligen, einem Gesetzgeber, einem Weisen, einem Gelehrten, einem Frommen, einem Göttlich-Abseitigen alten Stils: der hat dazu zu allererst Eins nöthig, die grosse Gesundheit – eine solche, welche man nicht nur hat, sondern auch beständig noch erwirbt und erwerben muss, weil man sie immer wieder preisgiebt, preisgeben muss ... Und nun, nachdem wir lange dergestalt unterwegs waren, wir Argonauten des Ideals, muthiger vielleicht als klug ist und oft genug schiffbrüchig und zu Schaden gekommen, aber, wie gesagt, gesünder als man es uns erlauben möchte, gefährlich gesund, immer wieder gesund, – will es uns scheinen, als ob wir, zum Lohn dafür, ein noch unentdecktes Land vor uns haben, dessen Grenzen noch Niemand abgesehn hat, ein jenseits aller bisherigen Länder und Winkel des Ideals, eine Welt so überreich an Schönem, Fremdem, Fragwürdigem, Furchtbarem und Göttlichem, dass unsre Neugierde sowohl als unser Besitzdurst ausser sich gerathen sind – ach, dass wir nunmehr durch Nichts mehr zu ersättigen sind! ... Wie könnten wir uns, nach solchen Ausblicken und mit einem solchen Heisshunger in Wissen und Gewissen, noch am gegenwärtigen Menschen genügen lassen? Schlimm genug, aber es ist unvermeidlich, dass wir seinen würdigsten Zielen und Hoffnungen nun mit einem übel aufrecht erhaltenen Ernste zusehn und vielleicht nicht einmal mehr zusehn ... Ein andres Ideal läuft vor uns her, ein wunderliches, versucherisches, gefahrenreiches Ideal, zu dem wir Niemanden überreden möchten, weil wir Niemandem so leicht das Recht darauf zugestehn: das Ideal eines Geistes, der naiv, das heisst ungewollt und aus überströmender Fülle und Mächtigkeit mit Allem spielt, was bisher heilig, gut, unberührbar, göttlich hiess; für den das Höchste, woran das Volk billigerweise sein Werthmaass hat, bereits so viel wie Gefahr, Verfall, Erniedrigung oder, mindestens, wie Erholung, Blindheit, zeitweiliges Selbstvergessen bedeuten würde; das Ideal eines menschlich-übermenschlichen Wohlseins und Wohlwollens, welches oft genug unmenschlich erscheinen wird, zum Beispiel, wenn es sich neben den ganzen bisherigen Erdenernst, neben alle bisherige Feierlichkeit in Gebärde, Wort, Klang, Blick, Moral und Aufgabe wie deren leibhafteste unfreiwillige Parodie hinstellt – und mit dem, trotzalledem, vielleicht der grosse Ernst erst anhebt, das eigentliche Fragezeichen erst gesetzt wird, das Schicksal der Seele sich wendet, der Zeiger rückt, die Tragödie beginnt ...‹« (Ecce homo, KSA 6, 337-339)

Unter der Voraussetzung der »grossen Gesundheit« wird eine neue Lebensmöglichkeit sichtbar. Die »grosse Gesundheit« erlaubt es, alle bisherigen Wertschätzungen und Perspektiven spielerisch nachzuvollziehen, sie erlaubt das – zwar nicht ungefährliche, schließlich aber doch unbeschadete – Einnehmen wechselnder Perspektiven. Die Rede ist von genau derjenigen Freiheit zum Perspektivenwechsel, deren Möglichkeit für sich selbst Nietzsche im Kapitel »Warum ich so weise bin« zu begründen versucht. Unter der Voraussetzung dieser »grossen Gesundheit« wird klar, wie wenig verabsolutierbar die einzelnen Perspektiven für sich genommen sind. Es geht nicht darum, ein weiteres Ideal aufzustellen, welches uneinlösbare Absolutheitsansprüche stellen könnte. Nietzsches »andres Ideal« ist »jenseits aller bisherigen Länder und Winkel des Ideals« – und insofern, als diese »bisherigen Winkel« gerade in ein Jenseits verlegt waren, genau nicht dort, sondern hier: diesseits.

Der Übermensch – ein »sehr nachdenkliches Wort«

Die Möglichkeit zum entdeckenden Perspektivenwechsel vorausgesetzt wird das »Ideal eines Geistes« sichtbar, »der naiv, das heisst ungewollt und aus überströmender Fülle und Mächtigkeit mit Allem spielt, was bisher heilig, gut, unberührbar, göttlich hiess«. Da Heiliges und Unberührbares wesentlich darauf angewiesen ist, für unantastbar und absolut zu gelten, bedeutet Nietzsches Formulierung »spielen« hier auch, daß die »unfreiwillige Parodie« aller bisherigen Ideale diese verspielt, diskreditiert. Und es bleibt kein jenseitiges Ideal übrig, sondern das »Ideal eines menschlich-übermenschlichen Wohlseins und Wohlwollens« – die spielerische Bejahung des Daseins. In *Also sprach Zarathustra* steht der mißverständliche Begriff »Übermensch« für diese neue und mutwillige Perspektive:

»Das Wort ›Übermensch‹ zur Bezeichnung eines Typus höchster Wohlgerathenheit, im Gegensatz zu ›modernen‹ Menschen, zu ›guten‹ Menschen, zu Christen und andren Nihilisten – ein Wort, das im Munde eines Zarathustra, des Vernichters der Moral, ein sehr nachdenkliches Wort wird, ist fast überall mit voller Unschuld im Sinn derjenigen Werthe verstanden worden, deren Gegensatz in der Figur Zarathustra's zur Erscheinung gebracht worden ist, will sagen als ›idealistischer‹ Typus einer höheren Art Mensch, halb ›Heiliger‹, halb ›Genie‹ ... Andres gelehrtes Hornvieh hat mich seinethalben des Darwinismus verdächtigt; selbst der von mir so boshaft abgelehnte ›Heroen-Cultus‹, jenes grossen Falschmünzers wider Wissen und Willen, Carlyle's, ist darin wiedererkannt worden.« (Ecce homo, KSA 6, 300)

Nietzsche distanziert sich gleich dreifach: das aus dem Mund Zarathustras »nachdenkliche« Wort ›Übermensch‹ wird der Menschheit gerade nicht als neues »moralisches« Ideal zur Nachahmung empfohlen, denn nach Nietzsches Selbstauslegung spricht Zarathustra als »Vernichter der Moral«. Auch eine weltgeschichtlich wirksame heroische Persönlichkeit im Sinne der Schriften Thomas Carlyles, eines entschiedenen Gegners des Materialismus, kommt als »Übermensch« nicht in Betracht. Ebensowenig geht es um eine neue überlebenstauglichere Art im Sinne der Darwinschen »Entstehung der Arten durch natürliche Zuchtwahl«: »Nicht, was die Menschheit ablösen soll in der Reihenfolge der Wesen, ist das Problem, das ich hiermit stelle (– der Mensch ist ein Ende –) [...]« (KSA 6, 170), stellt Nietzsche in *Der Antichrist* ausdrücklich klar.

Kein Vorbild, kein Retter der Menschheit, keine neue Art: Es sind in der Tat häufige Mißverständnisse seines Begriffs »Übermensch«, von denen Nietzsche sich in *Ecce homo* distanziert. Der Übermensch – als »sehr nachdenkliches Wort« aus dem Mund seines Zarathustra – hat entscheidend mit der Diskreditierung der bisherigen Ideale zu tun. Wenn Nietzsche von »Christen und andren Nihilisten« spricht, so wird darin deutlich, daß der Unterschied zwischen bisherigem Glauben und dem Fehlen von Wertmaßstäben verschwunden ist. Die »unfreiwillige Parodie« alles dessen, was bisher ernstgenommenen wurde, Nietzsches merkwürdiges »Ideal eines menschlich-übermenschlichen Wohlseins und Wohlwollens«, welches nicht zum Vorbild taugt, richtet keine allgemeingültigen neuen Wertmaßstäbe ein. Nietzsche vollzieht mit dem, was Zarathustra den »Übermenschen« nennt, einen radikalen Wechsel weg von einer heteronomen – das heißt von äußeren Wertmaßstäben geleiteten – Daseinsgestaltung, hin zu einer autonomen, also einem Dasein, das die Ziele und Werte aus sich heraus setzt.

Zarathustras »Übermensch« ist angesichts des Verlusts verbindlicher Maßstäbe fähig zur Selbstbestimmung. Nietzsches Vorwort zu *Ecce homo* endet mit einem Selbstzitat: dem Aufruf Zarathustras zur Selbstbestimmung. »Nun heisse ich euch, mich verlieren und euch finden; und erst, wenn ihr mich Alle verleugnet habt, will ich euch wiederkehren...« (Ecce homo, KSA 6, 261). An prominenter Stelle erklärt Nietzsche dadurch die Aufforderung zur Autonomie und zum Gewinn einer individuellen Perspektive zu einem Leitmotiv seines Philosophierens insgesamt.

Ein Augenblick höchster Selbstbesinnung

Aus dem Kontext der Aufforderung zur Autonomie fällt ein verändertes Licht auf Nietzsches Schlagwort der »Umwerthung aller Werthe«, das in *Ecce homo* eine so zentrale Rolle spielt: Zunächst bindet Nietzsche in *Ecce homo* auch die *Morgenröthe* in den Spannungsbogen der »Umwerthung« ein: »Wo sucht sein Urheber [der Autor der *Morgenröthe*] jenen neuen Morgen, jenes bisher noch unentdeckte zarte Roth, mit dem wieder ein Tag – ah, eine ganze Welt neuer Tage! – anhebt? In einer Umwerthung aller Werthe, [...]« (Ecce homo, KSA 6, 330). An diese Suche schließt Nietzsche im nächsten Abschnitt eine Bestimmung seiner Aufgabe an:

»Meine Aufgabe, einen Augenblick höchster Selbstbesinnung der Menschheit vorzubereiten, einen grossen Mittag, wo sie zurückschaut und hinausschaut, wo sie aus der Herrschaft des Zufalls und der Priester heraustritt und die Frage des warum?, des wozu? zum ersten Male als Ganzes stellt –, diese Aufgabe folgt mit Nothwendigkeit aus der Einsicht, dass die Menschheit nicht von selber auf dem rechten Wege ist, dass sie durchaus nicht göttlich regiert wird, dass vielmehr gerade unter ihren heiligsten Werthbegriffen der Instinkt der Verneinung, der Verderbniss, der décadence-Instinkt verführerisch gewaltet hat.« (Ecce homo, KSA 6, 330)

Nietzsches Projekt einer »Umwerthung aller Werthe« zielt weit weniger, als es zunächst den Anschein hat, auf die Etablierung neuer Grundwerte. Zunächst geht es um die Einsicht in eine Notlage: die Menschheit wird danach nicht »göttlich regiert«: die Möglichkeit, auf – heteronome – Maßstäbe zurückzugreifen, die ihren Ursprung außerhalb der Menschheit haben, besteht gerade nicht; alle bisherigen Versuche dazu erweisen sich sogar als schädlich. Statt dessen bezeichnet Nietzsche es als seine Aufgabe, einen »Augenblick höchster Selbstbesinnung der Menschheit« vorzubereiten: Es ist der Augenblick vollständiger Autonomie. Die Menschheit steht insgesamt und allein vor der Aufgabe, sich die Antwort auf die Frage nach Sinn und möglichen Maßstäben zu geben. Vollständige Autonomie, die Notwendigkeit zur Selbstbestimmung, charakterisiert Nietzsches Bild vom »Grossen Mittag« ebenso wie die radikale Immanenz, in welcher es nichts neben dem Dasein gibt und in welcher jeder – auch der widerwärtigste – Augenblick als ewig zählt: In der oben bereits zitierten Notiz aus dem Herbst 1881 verknüpft er auch die »Ewige Wiederkehr« mit der Mittagsmetapher:

»[...] Und in jedem Ring des Menschen-Daseins überhaupt giebt ⟨es⟩ immer eine Stunde, wo erst Einem, dann Vielen, dann Allen der mächtigste Gedanke auftaucht, der von der ewigen Wiederkunft aller Dinge – es ist jedesmal für die Menschheit die Stunde des Mittags.« (NF, KSA 9, 498)

»Übermensch« nicht als plattes Schlagwort, sondern als »sehr nachdenkliches Wort« aus dem Munde Nietzsches, steht für die Hoffnung, daß es einem »Typus Mensch« möglich sei, dieser Perspektive radikaler Immanenz und Autonomie standzuhalten, die Nietzsche bei seiner ersten Mitteilung des Wiederkunftsgedankens in *Die fröhliche Wissenschaft* als »Das grösste Schwergewicht« bezeichnet und in *Ecce homo* dem »Verlust an Schwergewicht« (Ecce homo, KSA 6, 331f.) in Form der bisherigen moralischen Maßstäbe entgegensetzt. »Übermenschlich« im Sinne dieser Hoffnung ist es, dieses »grösste Schwergewicht« als »höchste Formel der Bejahung« (Ecce homo, KSA 6, 335) verstehen zu können und als spielerischen Gestaltungsfreiraum zu entdecken. »[...] mit einem Dithyrambus wie dem letzten des dritten Zarathustra, ›die sieben Siegel‹ überschrieben, flog ich tausend Meilen über das hinaus, was bisher Poesie hiess« (Ecce homo, KSA 6, 305), kommentiert Nietzsche in *Ecce homo* die Abschlußpassage des dritten Buchs von *Also sprach Zarathustra.* Dort verliert – aus der Vogelperspektive einer neuen Weisheit – trotz fehlender Maßstäbe die Notwendigkeit zur Selbstbestimmung jede Schwere:

»[...] so aber spricht Vogel-Weisheit: ›Siehe, es giebt kein Oben, kein Unten! Wirf dich umher, hinaus, zurück, du Leichter! Singe! sprich nicht mehr!
– ›sind alle Worte nicht für die Schweren gemacht? Lügen dem Leichten nicht alle Worte! Singe! sprich nicht mehr!‹ –« (KSA 4, 291)

Der »erste *anständige* Mensch«
Nietzsches Schicksal

Fatum und Wille

»Mein Loos will, dass ich der erste anständige Mensch sein muss, dass ich mich gegen die Verlogenheit von Jahrtausenden im Gegensatz weiss ... Ich erst habe die Wahrheit entdeckt, dadurch dass ich zuerst die Lüge als Lüge empfand – roch ... Mein Genie ist in meinen Nüstern ... Ich widerspreche, wie nie widersprochen worden ist und bin trotzdem der Gegensatz eines neinsagenden Geistes. Ich bin ein froher Botschafter, wie es keinen gab ich kenne Aufgaben von einer Höhe, dass der Begriff dafür bisher gefehlt hat; erst von mir an giebt es wieder Hoffnungen. Mit Alledem bin ich nothwendig auch der Mensch des Verhängnisses.« (Ecce homo, KSA 6, 365f.)

In der Euphorie seines letzten Herbstes vor dem Turiner Zusammenbruch interpretiert Nietzsche sein Schicksal, und er versteht sich selbst als Schicksal. Kennzeichnend für ein Schicksal ist, daß ein Mensch nicht darüber verfügen kann. Ein Schicksal kommt über Menschen, fällt ihnen als »Loos« zu. Und doch redet Nietzsche keinem willenlosen Fatalismus das Wort. Er bestimmt das Verhältnis von Willen, Gestaltungsspielraum und Schicksal nicht als den Gegensatz zwischen einem freien Willen und Notwendigkeit. Den Begriff des freien Willens verweist Nietzsche in *Ecce homo* in die Region moralischer Vorurteile: »Der Begriff ›Sünde‹ erfunden sammt dem zugehörigen Folter-Instrument, dem Begriff ›freier Wille‹, um die Instinkte zu verwirren, um das Misstrauen gegen die Instinkte zur zweiten Natur zu machen!« (Ecce homo, KSA 6, 374).

Willen – fern davon, »freier Wille« zu sein – beschreibt Nietzsche als höchst kompliziertes Erlebnis, als einen »Complex von Fühlen, Denken und Affekt«:

»Die Philosophen pflegen vom Willen zu reden, wie als ob er die bekannteste Sache von der Welt sei; [...] Seien wir also einmal vorsichtiger, seien wir ›unphilosophisch‹ –, sagen wir: in jedem Wollen ist erstens eine Mehrheit von Gefühlen, nämlich das Gefühl des Zustandes, von dem weg, das Gefühl des Zustandes, zu dem hin, das Gefühl von diesem ›weg‹ und ›hin‹ selbst, dann noch ein begleitendes Muskelgefühl, welches, auch ohne dass wir ›Arme und Beine‹ in Bewegung setzen, durch eine Art Gewohnheit, sobald wir ›wollen‹, sein Spiel beginnt. Wie also Fühlen und zwar vielerlei Fühlen als Ingredienz des Willens anzuerkennen ist, so zweitens auch noch Denken: in jedem Willensakte giebt es einen commandirenden Gedanken; – und man soll ja nicht glauben, diesen Gedanken von dem ›Wollen‹ abscheiden zu können, wie als ob dann noch Wille übrig bliebe! Drittens ist der Wille nicht nur ein Complex von Fühlen und Denken, sondern vor Allem noch ein Affekt: und zwar jener Affekt des Commando's. Das, was ›Freiheit des Willens‹ genannt wird, ist wesentlich der Überlegenheits-Affekt in Hinsicht auf Den, der gehorchen muss: ›ich bin frei, ‘er’ muss gehorchen‹ – dies Bewusstsein steckt in jedem Willen, und ebenso jene Spannung der Aufmerksamkeit, jener gerade Blick, der ausschliesslich Eins fixirt, jene unbedingte Werthschätzung ›jetzt thut dies und nichts Anderes Noth‹, jene innere Gewissheit darüber, dass gehorcht werden wird, und was Alles noch zum Zustande des Befehlenden gehört.« (KSA 5, 31ff.)

Diesem Erlebnis einer »Freiheit des Willen« als Überlegenheitsgefühl widersprechen Erlebnisse der Unwillkürlichkeit und Unverfügbarkeit eines Schicksals nicht. Als Erlebnis »begegnet« sowohl das Schicksal als auch die willentliche Entscheidung – »Einem Menschen, der Tiefe in der Scham hat, begegnen auch seine Schicksale und zarten Entscheidungen auf Wegen, zu denen Wenige je gelangen [...]«. Der Wille bekommt selbst etwas für den Einzelnen Schicksalhaftes: was oder wie jemand will, macht einen wesentlichen Teil seines Schicksals aus, wird unverfügbarer Teil des Individuums.

»Aber im Grunde von uns, ganz ›da unten‹, giebt es freilich etwas Unbelehrbares, einen Granit von geistigem Fatum, von vorherbestimmter Entscheidung und Antwort auf vorherbestimmte ausgelesene Fragen.« (KSA 5, 170)

In diesem Sinne ist es schicksalhaft, daß Nietzsche »der erste anständige Mensch, sein muss«. Seine Aversion gegen die »Verlogenheit von Jahrtausenden« entspringt nicht theoretischen Überlegungen, die er auch hätte vermeiden können. Diese Aversion ergreift ihn insgesamt und gleichermaßen in seiner Wahrnehmung, seinem Denken und seinen Affekten. Grob gesagt: die bisherige Wahrheit stinkt Nietzsche: »Ich erst habe die Wahrheit entdeckt, dadurch dass ich zuerst die Lüge als Lüge empfand – roch ... Mein Genie ist in meinen Nüstern« (Ecce homo, KSA 6, 366).

Historischer Sprengstoff

Auch wenn es hier überraschenderweise in die »Nüstern« verlegt wird, enthält Nietzsches Erwähnung seines »Genies« einen weiteren Hinweis. Ein Genie ist einer seiner früheren Überlegungen nach eine historische Ausnahmeerscheinung, die jedoch auch als Konsequenz der bisherigen Geschichte verstanden werden kann:

»Mein Begriff vom Genie. – Grosse Männer sind wie grosse Zeiten Explosiv-Stoffe, in denen eine ungeheure Kraft aufgehäuft ist; ihre Voraussetzung ist immer, historisch und physiologisch, dass lange auf sie hin gesammelt, gehäuft, gespart und bewahrt worden ist, – dass lange keine Explosion stattfand. Ist die Spannung in der Masse zu gross geworden, so genügt der zufälligste Reiz, das ›Genie‹, die ›That‹, das grosse Schicksal in die Welt zu rufen.« (KSA 6, 145)

Die plakative Aussage in *Ecce homo* »Ich bin kein Mensch, ich bin Dynamit« sagt im Rahmen dieser explosiven Metaphorik dasselbe: Nietzsche faßt sich als eine Ausnahmeerscheinung auf, in der sich eine historische Spannung explosiv entlädt.

Wegen der Bekanntheit dieser Textstelle sollte hier der Hinweis nicht fehlen, daß Nietzsche die Dynamit-Metapher nicht selbst zu erfinden brauchte. Nietzsche erwähnt in *Ecce homo* zwei Rezensionen von *Jenseits von Gut und Böse* als »Maximum in meinem Leben – ich hüte mich, zu sagen wovon« (Ecce homo, KSA 6, 299). Allerdings hält er der einen dieser Rezensionen, einem »Aufsatz des Dr. V. Widmann im [Berner] ›Bund‹«, ein wenn auch ins Negativ verkehrtes Verständnis zugute: »Durch eine kleine Tücke von Zufall war hier jeder Satz, mit einer Folgerichtigkeit, die ich bewundert habe, eine auf den Kopf gestellte Wahrheit: man hatte im Grunde Nichts zu thun, als alle ›Werthe umzuwerthen‹, um, auf eine sogar bemerkenswerthe Weise, über mich den Nagel auf den Kopf zu treffen – statt meinen Kopf mit einem Nagel zu treffen...« (Ecce homo, KSA 6, 299). In dieser Rezension liest Nietzsche – wie er 1886 brieflich berichtet – über sich:

»Jene Dynamitvorräthe, die beim Bau der Gotthardbahn verwendet wurden, führten die schwarze, auf Todesgefahr deutende Warnungsflagge. – Ganz in diesem Sinne sprechen wir von dem neuen Buche des Philosophen Nietzsche als von einem gefährlichen Buche. [...] Der geistige Sprengstoff, wie der materielle, kann einem sehr nützlichen Werke dienen; es ist nicht nothwendig, daß er zu verbrecherischen Zwecken mißbraucht werde. Nur thut man gut, wo solcher Stoff lagert, es deutlich zu sagen ›Hier liegt Dynamit!‹« (An Malwida von Meysenbug, 24.9.1886; KSB 7, 258)

Nietzsches Selbstverständnis nach wurde auf diese – explosive – Spannung hin »lange gesammelt, gehäuft, gespart und bewahrt«. Er sieht sich als historische Konsequenz. Im dritten Abschnitt des Kapitels »Warum ich ein Schicksal bin« schlägt er einen Bogen, der in der Tat eine historische Distanz umgreift. Anknüpfungspunkt ist die Wahl des Titels von *Also sprach Zarathustra*. Zarathustra, von Nietzsche dargestellt als Schöpfer einer moralischen Gesamtauslegung des Daseins, steht gerade als Urheber dieser Auslegung über ihr. Nietzsche erläutert seine Verwendung des Namens Zarathustra als Zeichen dafür, daß die moralische Auslegung des Daseins – gerade weil sie durch einen Menschen initiiert worden sei – auch widerrufen werden könne.

»Man hat mich nicht gefragt, man hätte mich fragen sollen, was gerade in meinem Munde, im Munde des ersten Immoralisten, der Name Zarathustra bedeutet: denn was die ungeheure Einzigkeit jenes Persers in der Geschichte ausmacht, ist gerade dazu das Gegentheil. Zarathustra hat zuerst im Kampf des Guten und des Bösen das eigentliche Rad im Getriebe der Dinge gesehn, – die Übersetzung der Moral in's Metaphysische, als Kraft, Ursache, Zweck an sich, ist sein Werk. Aber diese Frage wäre im Grunde bereits die Antwort. Zarathustra schuf diesen verhängnissvollsten Irrthum, die Moral: folglich muss er auch der Erste sein, der ihn erkennt. Nicht nur, dass er hier länger und mehr Erfahrung hat als sonst ein Denker – die ganze Geschichte ist ja die Experimental-Widerlegung vom Satz der sogenannten ›sittlichen Weltordnung‹ –: das Wichtigere ist, Zarathustra ist wahrhaftiger als sonst ein Denker. Seine Lehre und sie allein hat die Wahrhaftigkeit als oberste Tugend – das heisst den Gegensatz zur Feigheit des ›Idealisten‹, der vor der Realität die Flucht ergreift, Zarathustra hat mehr Tapferkeit im Leibe als alle Denker zusammengenommen. Wahrheit reden und gut mit Pfeilen schiessen, das ist die persische Tugend. – Versteht man mich? ... Die Selbstüberwindung der Moral aus Wahrhaftigkeit, die Selbstüberwindung des Moralisten in seinen Gegensatz – in mich – das bedeutet in meinem Munde der Name Zarathustra.« (Ecce homo, KSA 6, 367)

Die Perspektive, nach der es im Leben zentral um die Auseinandersetzung zwischen Gut und Böse geht, nach der diese Auseinandersetzung zur Triebfeder des Daseins wird, ist ein geschichtsmächtiges menschliches Erzeugnis, eine »Schöpfung« – »Zarathustra schuf diesen verhängnissvollsten Irrthum, die Moral [...]«. In diesem Sinne ist ein Wechsel der Perspektive gleichermaßen ein schöpferischer Akt wie ein Akt der Vernichtung. Schöpferisch, weil die neue Auslegung des Daseins neue Lebensformen begünstigt, vernichtend, da die überkommene Perspektive verschwindet – und mit ihr Lebensweisen und -formen, die sich dieser Auslegung verdanken.

Ein solcher Perspektivenwechsel ist nach Nietzsches Selbstverständnis in *Ecce homo* sowohl sein persönliches Schicksal als auch das Schicksal, daß er historisch darstellt.

»Will man eine Formel für ein solches Schicksal, das Mensch wird? – Sie steht in meinem Zarathustra.

> – und wer ein Schöpfer sein will im Guten und Bösen, der muss ein Vernichter erst sein und Werthe zerbrechen.
> Also gehört das höchste Böse zur höchsten Güte: diese aber ist die schöpferische.«

(Ecce homo, KSA 6, 366)

Die Selbstüberwindung der Moral

»[...] ein solches Schicksal, das Mensch wird« – Nietzsches Schicksal ist seinem späten Selbstverständnis nach auch ein historischer Wendepunkt. Für das Verständnis entscheidend ist, daß Nietzsche dieses Schicksal als »Selbstüberwindung der Moral aus Wahrhaftigkeit« und »Selbstüberwindung des Moralisten in seinen Gegensatz« identifiziert. Die explosive Spannung, die sich in ihm, dem »erste[n] Immoralist[en]« (Ecce homo, KSA 6, 366), entlädt und zur Aufhebung der moralischen Auslegung des Daseins führt, wurde historisch erzeugt, und zwar durch die Moral selbst. Diese Einschätzung findet sich auch schon früher. So schreibt Nietzsche in *Jenseits von Gut und Böse*:

»Die Überwindung der Moral, in einem gewissen Verstande sogar die Selbstüberwindung der Moral: mag das der Name für jene lange geheime Arbeit sein, welche den feinsten und redlichsten, auch den boshaftesten Gewissen von heute, als lebendigen Probirsteinen der Seele, vorbehalten blieb. –« (KSA 5, 51)

Und auch der Atheismus stellt sich – im fünften Buch der *Fröhlichen Wissenschaft* – als Resultat einer Selbstüberwindung oder -aufhebung dar.

»[...] der unbedingte redliche Atheismus ist eben [...] ein endlich und schwer errungener Sieg des europäischen Gewissens, als der folgenreichste Akt einer zweitausendjährigen Zucht zur Wahrheit, welche am Schlusse sich die Lüge im Glauben an Gott verbietet ... Man sieht, was eigentlich über den christlichen Gott gesiegt hat: die christliche Moralität selbst, der immer strenger genommene Begriff der Wahrhaftigkeit, die Beichtväter-Feinheit des christlichen Gewissens, übersetzt und sublimirt zum wissenschaftlichen Gewissen, zur intellektuellen Sauberkeit um jeden Preis.« (KSA 3, 600)

Es ist das Schicksal des »erste[n] anständige[n] Mensch[en]« am Ende einer langen Erziehung zur Wahrhaftigkeit, zu einem »intellectuale[n] Gewissen« (KSA 3, 373), gerade aus dieser Gewissenhaftigkeit heraus deren moralische und religiöse Voraussetzungen aufheben zu müssen. Zu diesem Schicksal gehört ein weitergehender Selbstzweifel, der sich auf die eigene prekäre Rolle bezieht. Nietzsche formuliert ihn ebenfalls im fünften Buch der *Fröhlichen Wissenschaft*:

»Es ist kein Zweifel, der Wahrhaftige, in jenem verwegenen und letzten Sinne, wie ihn der Glaube an die Wissenschaft voraussetzt, bejaht damit eine andre Welt als die des Lebens, der Natur und der Geschichte; [...] ... Doch man wird es begriffen haben, worauf ich hinaus will, nämlich dass es immer noch ein metaphysischer Glaube ist, auf dem unser Glaube an die Wissenschaft ruht, – dass auch wir Erkennenden von heute, wir Gottlosen und Antimetaphysiker, auch unser Feuer noch von dem Brande nehmen, den ein Jahrtausende alter Glaube entzündet hat, jener Christen-Glaube, der auch der Glaube Plato's war, dass Gott die Wahrheit ist, dass die Wahrheit göttlich ist ... Aber wie, wenn dies gerade immer mehr unglaubwürdig wird, wenn Nichts sich mehr als göttlich erweist, es sei denn der Irrthum, die Blindheit, die Lüge, – wenn Gott selbst sich als unsre längste Lüge erweist?« (KSA 3, 577)

Das Kapitel »Warum ich ein Schicksal bin« klingt über weite Strecken selbstgewisser. Das bewegliche Denken Nietzsches, in welchem sich die Eine Wahrheit zum Spiel variabler Perspektiven verflüssigt, scheint hier einem Standpunkt gewichen zu sein, der innerhalb klarer Fronten als neue Wahrheit gewonnen wurde. Freilich sollte in diesem Zusammenhang nicht vergessen werden, daß Nietzsche *Ecce homo* in provozierender Absicht und als Vorbereitung von *Der Antichrist* schreibt. Dennoch klingt gerade in einer der sich ins Größenhafte versteigenden Passagen des *Ecce homo* etwas von dem radikalen Selbstzweifel nach der Selbstüberwindung der überkommenen Werte an:

»Die Entdeckung der christlichen Moral ist ein Ereigniss, das nicht seines Gleichen hat, eine wirkliche Katastrophe. Wer über sie aufklärt, ist eine force majeure [franz. größere, überlegene Kraft], ein Schicksal, – er bricht die Geschichte der Menschheit in zwei Stücke. Man lebt vor ihm, man lebt nach ihm ... Der Blitz der Wahrheit traf gerade das, was bisher am Höchsten stand: wer begreift, was da vernichtet wurde, mag zusehn, ob er überhaupt noch Etwas in den Händen hat.« (Ecce homo, KSA 6, 373)

Dem »erste[n] anständige[n] Mensch[en]« bleibt nicht viel: »wer begreift, was da vernichtet wurde, mag zusehn, ob er überhaupt noch Etwas in den Händen hat«.

Eine relativ übermenschliche Aufgabe

Nietzsches Bestandsaufnahme nach hängt es vom jeweiligen »Typus Mensch« (Ecce homo, KSA 6, 367) ab, was nach dieser »wirkliche[n] Katastrophe« bleibt. Sein Gedankengang setzt bei der Erläuterung seines Begriffs »Immoralist« an.

»Im Grunde sind es zwei Verneinungen, die mein Wort Immoralist in sich schliesst. Ich verneine einmal einen Typus Mensch, der bisher als der höchste galt, die Guten, die Wohlwollenden, Wohltäthigen; ich verneine andrerseits eine Art Moral, welche als Moral an sich in Geltung und Herrschaft gekommen ist, – die décadence-Moral, handgreiflicher geredet, die christliche Moral.« (Ecce homo, KSA 6, 367f.)

Zwar ist, wie Nietzsche im nächsten Satz formuliert, die »décadence-Moral« die Voraussetzung der Wertschätzung der »Guten«, weshalb ihre »Verneinung« fundamentalen Charakter hat. Nietzsche konzentriert sich aber anschließend auf die »Psychologie des guten Menschen«. Diesem wird, nachdem das Schicksal des »erste[n] anständige[n] Mensch[en]« seinen Lauf genommen hat, nicht viel bleiben. Seine Existenzbedingung ist der Wahrhaftigkeit entgegengesetzt. Die Bedingung der »Guten, Wohlwollenden, Wohltäthigen« ist Unaufrichtigkeit:

»[...] anders ausgedrückt, das Nicht-sehn-wollen um jeden Preis, wie im Grunde die Realität beschaffen ist, nämlich nicht der Art, um jeder Zeit wohlwollende Instinkte herauszufordern, noch weniger der Art, um sich ein Eingreifen von kurzsichtigen gutmüthigen Händen jeder Zeit gefallen zu lassen. Die Nothstände aller Art überhaupt als Einwand, als Etwas, das man abschaffen muss, betrachten, ist die niaiserie par excellence, ins Grosse gerechnet, ein wahres Unheil in seinen Folgen, ein Schicksal von Dummheit –, beinahe so dumm, als es der Wille wäre, das schlechte Wetter abzuschaffen – aus Mitleiden etwa mit den armen Leuten ... In der grossen Ökonomie des Ganzen sind die Furchtbarkeiten der Realität (in den Affekten, in den Begierden, im Willen zur Macht) in einem unausrechenbaren Maasse nothwendiger als jene Form des kleinen Glücks, die sogenannte ›Güte‹«. (Ecce homo, KSA 6, 368)

Die »guten Menschen« vermeiden die »Furchtbarkeiten der Realität«, in denen Nietzsche die Möglichkeit sieht, daß sich neue Perspektiven und Lebensweisen auch gegen Widerstände durchsetzen. Die Ambivalenz von Schaffen und

Vernichten – nach Nietzsches Einsicht unvermeidlich mit einem schöpferischen Dasein verknüpft – ist der Grund für dessen Ablehnung durch die »guten Menschen«. Hierin erweisen sie sich »als die schädlichste Art Mensch, weil sie ebenso auf Kosten der Wahrheit als auf Kosten der Zukunft ihre Existenz durchsetzen« (Ecce homo, KSA 6, 369). Die Desillusionierung religiöser oder moralischer Überzeugungen trifft »die Guten, die Wohlwollenden, Wohltäthigen« auch deshalb existenzbedrohend, weil sie aus sich heraus nichts schaffen können, was an die Stelle des Verlorenen treten könnte.

Nietzsche beschreibt als Antwort auf diese bedrohliche Diagnose einen anderen Typus Mensch. Dieser ist, als Ausnahme der bisher gültigen Regel, aus der Perspektive der »guten Menschen« der »Böse«:

»Wenn eine décadence-Art Mensch zum Rang der höchsten Art aufgestiegen ist, so konnte dies nur auf Kosten ihrer Gegensatz-Art geschehn, der starken und lebensgewissen Art Mensch. Wenn das Heerdenthier im Glanze der reinsten Tugend strahlt, so muss der Ausnahme-Mensch zum Bösen heruntergewerthet sein. Wenn die Verlogenheit um jeden Preis das Wort ›Wahrheit‹ für ihre Optik in Anspruch nimmt, so muss der eigentlich Wahrhaftige unter den schlimmsten Namen wiederzufinden sein. Zarathustra lässt hier keinen Zweifel: er sagt, die Erkenntniss der Guten, der ›Besten‹ gerade sei es gewesen, was ihm Grausen vor dem Menschen überhaupt gemacht habe; aus diesem Widerwillen seien ihm die Flügel gewachsen, ›fortzuschweben in ferne Zukünfte‹, – er verbirgt es nicht, dass sein Typus Mensch, ein relativ übermenschlicher Typus, gerade im Verhältniss zu den Guten übermenschlich ist, dass die Guten und Gerechten seinen Übermenschen Teufel nennen würden…« (Ecce homo, KSA 6, 370)

Nietzsche trägt hier einen bemerkenswerten Kommentar zu einem brisanten Begriff aus *Also sprach Zarathustra* nach: zum Übermenschen. Es wird darin deutlich, daß die Art Mensch, die der »Katastrophe« eines wahrhaftigen Blicks auf das Dasein gewachsen ist, bisher einen extremen Ausnahmefall darstellt. Zarathustra muß »fortschweben« in »ferne Zukünfte«. Nur deshalb – und nicht, weil es sich dabei um eine neue Art handelt – wird in *Zarathustra* das Wort »Übermensch« gebraucht. Dieser andere »Typus Mensch« ist nur »relativ übermenschlich« – aus der Perspektive der »Guten« und im Vergleich zu diesen. Entscheidend ist nun, was dieser andere »Typus Mensch«, an den *Also sprach Zarathustra* appelliert, Nietzsches Kommentar in *Ecce homo* nach ist:

»An dieser Stelle und nirgends wo anders muss man den Ansatz machen, um zu begreifen, was Zarathustra will: diese Art Mensch, die er concipirt, concipirt die Realität, wie sie ist: sie ist stark genug dazu –, sie ist ihr nicht entfremdet, entrückt, sie ist sie selbst, sie hat all deren Furchtbares und Fragwürdiges auch noch in sich, damit erst kann der Mensch Grösse haben ...« (Ecce homo, KSA 6, 370)

Der andere »Typus Mensch« ist dem, was der »erste anständige Mensch« als »Furchtbares und Fragwürdiges« des Daseins entdeckt, gewachsen. Er »concipirt die Realität, wie sie ist«, ja er »ist« diese Realität selbst: Nietzsches Formulierungen lösen die selbständige Realität und ihre objektive Wahrheit auf. Es ist ein gestaltender, Perspektiven setzender Typus, den er hier beschreibt. Dieser setzt Perspektiven, Ziele und Lebensweisen aus sich heraus frei. In diesem Sinne »ist« er selber die Realität kreativen Lebens. Der Desillusionierung von »Jenseits« und »wahre[r] Welt«, »erfunden, um die einzige Welt zu entwerthen, die es giebt, – um kein Ziel, keine Vernunft, keine Aufgabe für unsre Erden-Realität übrig zu behalten!« (Ecce homo, KSA 6, 373), ist dieser andere »Typus Mensch« gewachsen. Seine »Ziele«, »Vernunft« und »Aufgabe« findet er, Nietzsches großer Hoffnung nach, diesseits idealistischer Überhöhungen: in sich selbst.

Amor fati

Über die »Realität, wie sie ist«, kann nicht verfügt werden. Mit allem »Furchtbaren« und »Fragwürdigen« ist sie, wie sie ist. Die »Art Mensch, die er [Zarathustra] concipirt«, befindet sich in einem kreativen Einklang mit dieser lebendigen, schaffend-vernichtenden Wirklichkeit. So gesehen ist »diese Realität, wie sie ist«, nur eine andere Formulierung für das, was Nietzsche als Schicksal bezeichnet. Die illusionslose Bejahung des Schicksals, wie sie hier »concipirt« wird, ist nicht nur Thema des letzten Kapitels des *Ecce homo*, sondern durchzieht das ganze Buch. Explizit endet auch das Kapitel »Warum ich so klug bin« damit:

»Meine Formel für die Grösse am Menschen ist amor fati [lat.: Liebe des Schicksals]: dass man Nichts anders haben will, vorwärts nicht, rückwärts nicht, in alle Ewigkeit nicht. Das Nothwendige nicht bloss ertragen, noch weniger verhehlen – aller Idealismus ist Verlogenheit vor dem Nothwendigen –, sondern es lieben…« (Ecce homo, KSA 6, 297)

In *Ecce homo* unternimmt Nietzsche den Versuch, das, was er als sein Schicksal, das »Loos« des »erste[n] anständige[n] Mensch[en]« identifiziert, insgesamt zu bejahen: »[…] das Nothwendige verletzt mich nicht; amor fati ist meine innerste Natur« (Ecce homo, KSA 6, 363).

»Dionysos gegen den Gekreuzigten«

Nietzsches Formeln

Nietzsche erfindet für sein Denken Formeln. Manche dieser Formeln werden zu den Titeln seiner Bücher. An seinen Entwürfen läßt sich ablesen, wie intensiv er an diesen Titeln arbeitet, ehe er sich dafür entscheidet, einem seiner Bücher einen bestimmten Titel zu geben. Bewegen sich die *Unzeitgemäßen Betrachtungen* noch im Rahmen des für Buchtitel einigermaßen Üblichen, so beginnt mit *Menschliches, Allzumenschliches* eine Reihe von Titeln, die auffällig und einprägsam sind. Spätestens zusammen mit den Untertiteln erzeugen Nietzsches Titel Neugier und Fragen.

Fröhliche Wissenschaft: was hat wissenschaftliche Methodik Fröhliches an sich? *Jenseits von Gut und Böse*: entweder gut oder böse, was sollte es jenseits davon noch geben? *Zur Genealogie der Moral*: eine Abstammungslehre der Moral? Der Titel *Götzen-Dämmerung oder: Wie man mit dem Hammer philosophiert* enthält die beunruhigende Frage sogar explizit. Ein Buchtitel wie *Morgenröthe* wirft zwar vielleicht weniger Fragen auf; er läßt aber den Inhalt des Buches sehr offen, und erst der Untertitel »Gedanken über die moralischen Vorurtheile« umreißt grob seine inhaltliche Ausrichtung.

Die weitaus überwiegende Zahl von Nietzsches Buchtiteln formuliert kein Thema im üblichen Sinn. Ebensowenig enden Nietzsches Bücher mit einem Resultat. Für die *Morgenröthe* weist Nietzsche sogar ausdrücklich auf den ungewöhnlichen Abschluß seines Buchs hin:

»Dies Buch [Morgenröthe] schliesst mit einem ›Oder?‹, – es ist das einzige Buch, das mit einem ›Oder?‹ schliesst...« (Ecce homo, KSA 6, 330)

Auch unter Nietzsches eigenen Büchern ist die *Morgenröthe* das einzige, das »mit einem ›Oder?‹ schliesst«. Zumindest gilt das für den Wortlaut. Geradezu charakteristisch jedoch ist, daß auch die anderen Bücher Nietzsches mit einer offenen Geste ausklingen:

Die *Geburt der Tragödie* endet mit einem in die Antike projizierten Dialog und schließt mit der Aufforderung »Folge mir zur Tragödie und opfere mit mir im Tempel beider Gottheiten [des Apollon und des Dionysos]« (KSA 1, 156). Der erste Band von *Menschliches, Allzumenschliches* läuft auf eine Suche hinaus »– sie suchen die Philosophie des Vormittags« (KSA 2, 363), am Ende des zweiten Bandes endet die Unterhaltung eines Wanderers mit seinem Schatten damit, daß die Sonne sinkt und der Wanderer sich suchend nach seinem Schatten umsieht. »Wo bist du? Wo bist du?« (KSA 2, 704).

Am Ende des vierten – und in der ersten Auflage letzten – Buchs der *Fröhlichen Wissenschaft* taucht zum ersten Mal in einem Aphorismus die Gestalt des Zarathustra auf; die Passage endet mit einem Auftakt: »– Also begann Zarathustra's Untergang« (KSA 3, 571).

In *Zur Genealogie der Moral* schließt sich ein Kreis: »Und, um es noch zum Schluß zu sagen, was ich am Anfang sagte: lieber will noch der Mensch das Nichts wollen, als nicht wollen.« Die *Götzen-Dämmerung* endet – gefolgt von einem Zitat aus *Zarathustra* – mit zwei Selbstbezeichnungen Nietzsches: »– ich, der letzte Jünger des Philosophen Dionysos, – ich der Lehrer der ewigen Wiederkunft...« (KSA 6, 160) –, und *Der Antichrist* fragt am Ende, ob es nicht Zeit für eine neue Zeitrechnung ist: »Und man rechnet die Zeit nach dem dies nefastus [lat. Unglückstag], mit dem dies Verhängnis anhob, nach dem ersten Tag des Christenthums! – Warum nicht lieber nach seinem Letzten? – Nach Heute? – Umwerthung aller Werthe! ...« (KSA 6, 253).

Diese Schlußpassagen haben neben ihrem offenen Gestus eine weitere Gemeinsamkeit: Sie verwenden oder appellieren an Formeln Nietzsches: das komplementäre Begriffspaar »Dionysisch-Apollinisch« aus der *Geburt der Tragödie,* eine »Philosophie des Vormittags«, »Der Wanderer und sein Schatten« (so der Titel der entsprechenden Abteilung von *Menschliches, Allzumenschliches*), »Zarathustra's Untergang«, »Dionysos Philosophos [der Philosoph Dionysos]«, die »Ewige Wiederkunft des Gleichen«, »Umwerthung aller Werthe«.

Alle diese Formeln sind für sich genommen nicht zu verstehen. Aus den Assoziationen, die sie hervorrufen, geht eine gewisse Beunruhigung und Neugier hervor, abgesehen von solchen Assoziationen sind sie jedoch ohne den Kontext der Schriften Nietzsches schlicht unverständlich.

Ein merkwürdiger Befund: Die Titel der Schriften Nietzsches verraten nur wenig von einem Thema, ihre Abschlußpassagen formulieren keine Ergebnisse. Titel und Abschlußpassagen der Bücher verweisen formelhaft zurück auf den Text. Der Text, das sind differenzierte, vielfach schattierte Stellungnahmen oder Argumentationen. Nietzsches Texte stellen dabei auch Gegensätze unvermittelt gegenüber. Es sind – bezeichnenderweise – zwei weitere Abschlußtexte, die andeuten, woher diese charakteristischen Merkmale der Schriften Nietzsches kommen:

»Auf die ewige Lebendigkeit aber kommt es an: was ist am ›ewigen Leben‹ und überhaupt am Leben gelegen!« (KSA 2, 534). Bevor ein Jahr später »Der Wanderer und sein Schatten« erschien, bildete dieser Satz den Abschluß des 1879 gedruckten zweiten Teils von *Menschliches, Allzumenschliches*. Der Satz schießt als Schlußsatz eines Buchs inhaltlich über den Aphorismus, dessen Ende er bildet, hinaus. Bezogen auf den vorausgehenden Text aber bezieht sich die Lebendigkeit hier auf acht bereits gestorbene Autoren. Nietzsche spricht also von einer durch Texte überlieferten, ja zu Text gewordenen Lebendigkeit.

Nietzsches eigene Texte dokumentieren die Lebendigkeit seines Denkens. Das Auffällige an seinen Texten ist, daß er wo eben möglich Endergebnisse und Feststellungen vermeidet. Das Wort ›Feststellungen‹ kann hier ganz wörtlich verstanden werden: Nietzsche vermeidet es, sein Denken in Texten zu arretieren, und das erklärt womöglich auch die Besonderheit der Formeln, die er in Titeln oder zum Abschluß seiner Bücher einsetzt und natürlich auch innerhalb der Texte verwendet.

Durch die Formeln werden die Textanfänge und -abschlüsse zu elastischen Prallzonen. Der Leser wird durch Nietzsches Formeln, die Neugier erregen, ohne außerhalb ihres Kontexts verständlich zu sein, in die Texte Nietzsches zurückgeworfen.

Daß selbst hierdurch der Text die Lebendigkeit seiner Gedanken nur unvollständig faßt, formuliert Nietzsche als Abschluß von *Jenseits von Gut und Böse*:

»Ach, was seid ihr doch, ihr meine geschriebenen und gemalten Gedanken! Es ist nicht lange her, da wart ihr noch so bunt, jung und boshaft, voller Stacheln und geheimer Würzen, dass ihr mich niesen und lachen machtet – und jetzt? Schon habt ihr eure Neuheit ausgezogen, und einige von euch sind, ich fürchte es, bereit, zu Wahrheiten zu werden: so unsterblich sehn sie bereits aus, so herzbrechend rechtschaffen, so langweilig! Und war es jemals anders? Welche Sachen schreiben und malen wir denn ab, wir Mandarinen mit chinesischem Pinsel, wir Verewiger der Dinge, welche sich schreiben lassen, was vermögen wir denn allein abzumalen? Ach, immer nur Das, was eben welk werden will und anfängt, sich zu verriechen! Ach, immer nur abziehende und erschöpfte Gewitter und gelbe späte Gefühle! Ach, immer nur Vögel, die sich müde flogen und verflogen und sich nun mit der Hand haschen lassen, – mit unserer Hand! Wir verewigen, was nicht mehr lange leben und fliegen kann, müde und mürbe Dinge allein! Und nur euer Nachmittag ist es, ihr meine geschriebenen und gemalten Gedanken, für den allein ich Farben habe, viel Farben vielleicht, viel bunte Zärtlichkeiten und fünfzig Gelbs und Brauns und Grüns und Roths: – aber Niemand erräth mir daraus, wie ihr in eurem Morgen aussahet, ihr plötzlichen Funken und Wunder meiner Einsamkeit, ihr meine alten geliebten – – schlimmen Gedanken!« (KSA 5, 240)

Auch *Ecce homo* endet mit einer Formel Nietzsches. »– Hat man mich verstanden? – Dionysos gegen den Gekreuzigten...« (Ecce homo, KSA 6, 374). Bemerkenswert daran ist, daß diese Formel am Ende einer Selbstdarstellung und -auslegung Nietzsches steht. »Dionysos gegen den Gekreuzigten« ist eine Formel, die Nietzsche für sein eigenes Leben findet. Die Identifikationskraft dieser Formel für Nietzsche ist so stark, daß er sie – allerdings in bezeichnender Weise abgewandelt – in die Zeit nach seinem geistigen Zusammenbruch hinüberrettet. Seine Kurznachrichten nach dem 4. Januar unterschreibt er abwechselnd mit »Dionysos« und »Der Gekreuzigte«.

Obwohl eine Interpretation hier an die Grenze ihrer Legitimität kommt, sollte zumindest die Überraschung darüber gestattet sein, daß ausgerechnet der Gegensatz verschwindet und sich Nietzsche nicht einfach nur mit Dionysos, sondern ebenso mit dem Gekreuzigten identifiziert.

Die für sich genommen wieder unverständliche Formel Nietzsches wirft nicht nur zwei, sondern gleich drei Fragen auf: die Frage, wofür »Dionysos« steht, und die Frage, worauf Nietzsche mit »der Gekreuzigte« anspielt, schließlich aber auch die Frage danach, was es mit deren Auseinander- und Gegenübersetzung auf sich hat.

Angesichts der differenzierten Rolle, die »Dionysos« und »der Gekreuzigte« im Kontext der Schriften Nietzsches spielen, ist vorab jedoch klar, daß die Formel sicher nicht bedeutet: ›Mein Leben war der siegreiche Kampf des griechischen Weingottes gegen Jesus Christus‹.

Dionysos

Ein Gott als Philosoph

Dionysos, der Name des griechischen Gottes, spielt in *Ecce homo* eine zentrale Rolle. Schon im Vorwort nutzt Nietzsche die Bezeichnung, um sich zu distanzieren: »[...] – ich bin sogar eine Gegensatz-Natur zu der Art Mensch, die man bisher als tugendhaft verehrt hat. Unter uns, es scheint mir, dass gerade Das zu meinem Stolz gehört. Ich bin ein Jünger des Philosophen Dionysos, ich zöge vor, eher noch ein Satyr zu sein als ein Heiliger« (Ecce homo, KSA 6, 257f.).

Satyren, mutwillige Waldwesen – »jene Synthesis von Gott und Bock im Satyr« (KSA 1, 16) – tanzten und musizierten der antiken Vorstellung nach im Gefolge des Gottes Dionysos. Auf den ersten Blick schließt sich Nietzsche diesen Jüngern des Dionysos an. Aber sofort fällt auf, daß etwas an seiner Formulierung merkwürdig ist: Nietzsche spricht nicht vom Gott Dionysos, sondern vom Philosophen Dionysos. Dies ist wieder eine der Formeln Nietzsches: »Dionysos philosophos« findet sich im Nachlaß als Entwurf für einen Titel oder eine Kapitelüberschrift (KSA 13, 613). Die Auffälligkeit dieser Formulierung stellt Nietzsche in *Jenseits von Gut und Böse* fest:

»Schon dass Dionysos ein Philosoph ist, und dass also auch Götter philosophiren, scheint mir eine Neuigkeit, welche nicht unverfänglich ist und die vielleicht gerade unter Philosophen Misstrauen erregen möchte, – unter euch, meine Freunde, hat sie schon weniger gegen sich, es sei denn, dass sie zu spät und nicht zur rechten Stunde kommt: denn ihr glaubt heute ungern, wie man mir verrathen hat, an Gott und Götter.« (KSA 5, 238)

Die Passage macht deutlich, daß Nietzsche nicht versucht, den Glauben an den griechischen Gott wiederzubeleben. Der Name Dionysos fällt in einem atheistischen Kontext – »denn ihr glaubt heute ungern, wie man mir verrathen hat, an Gott und Götter«. Die Formel vom Philosophen Dionysos erfüllt ihren Zweck, auffällig und sogar anstößig zu sein: Sie formuliert eine »Neuigkeit, welche nicht unverfänglich ist«. Es ist Nietzsche erklärtes Ziel, mit dieser Formel mißtrauische Aufmerksamkeit »unter Philosophen« zu erregen, was bedeutet, daß sie auch anstößig im Sinne eines Denkanstoßes sein soll.

Durch Verwendung des Attributs ›dionysisch‹ weist Nietzsche abkürzend auf einen vielschichtigen Gedankenkomplex hin. Er verwendet dieses Attribut schon im ersten Buch seiner philosophischen »Litteratur«, in *Die Geburt der Tragödie aus dem Geiste der Musik*. In der späteren Vorrede zu diesem Buch schreibt er:

»Gegen die Moral also kehrte sich damals, mit diesem fragwürdigen Buche, mein Instinkt, als ein fürsprechender Instinkt des Lebens, und erfand sich eine grundsätzliche Gegenlehre und Gegenwerthung des Lebens, eine rein artistische, eine antichristliche. Wie sie nennen? Als Philologe und Mensch der Worte taufte ich sie, nicht ohne einige Freiheit – denn wer wüsste den rechten Namen des Antichrist? – auf den Namen eines griechischen Gottes: ich hiess sie die dionysische. –« (KSA 1, 19)

Die Freiheit, welche Nietzsche hier für sich in Anspruch nimmt, ist die, eigene Gedankeninhalte und nicht bloß die Forschungsergebnisse eines Altphilologen mit der Bezeichnung ›dionysisch‹ zu verknüpfen – eine ›künstlerische‹ Freiheit, die den jungen Basler Professor Friedrich Nietzsche 1872 seinen wissenschaftlichen Ruf kostet. Andererseits stellt Nietzsche in *Ecce homo* fest, daß damit auch der »Anfang« eines der eigenen »innersten Erfahrung« gemäßen Werks gefunden war:

»Dieser Anfang ist über alle Maassen merkwürdig. Ich hatte zu meiner innersten Erfahrung das einzige Gleichniss und Seitenstück, das die Geschichte hat, entdeckt, – ich hatte ebendamit das wundervolle Phänomen des Dionysischen als der Erste begriffen.« (Ecce homo, KSA 6, 311)

Entscheidend an dieser Passage ist, daß Nietzsche das »Phänomen des Dionysischen«, soweit er es in der Geschichte vorfindet, als Metapher für ein inneres Erleben in Anspruch nimmt. Es geht ihm also um die Möglichkeit, sich auszudrücken, verständlich zu machen. Das »Dionysische« wird zum Ausdrucksmittel und zur Verständigungshilfe, und es ist – nach Nietzsches Selbstauslegung – »das einzige Gleichniss und Seitenstück«, das ihm die Geschichte hierfür bietet. Es wird wieder deutlich, für wie schwierig Nietzsche es hielt, sich und seine Gedankenerlebnisse überhaupt mitzuteilen. Deutlich wird auch, daß es nötig ist, gerade in Nietzsches eigenen Schriften die Antwort auf die Frage zu suchen, wer oder was für ihn Dionysos ist. Nach der *Geburt der Tragödie* legt Nietzsche diese Metapher zunächst aus der Hand. Erst in *Jenseits von Gut und Böse* tritt sie in seinem veröffentlichten Werk wieder auf. In der *Götzen-Dämmerung* und natürlich in *Ecce homo* selbst finden sich weitere Hinweise. Bezeichnenderweise verbindet Nietzsche aber in *Ecce homo* ausdrücklich auch andere seiner Schriften mit dem Begriff ›dionysisch‹. In erster Linie gilt das für *Also sprach Zarathustra:*

»Dieses Werk steht durchaus für sich. Lassen wir die Dichter bei Seite: es ist vielleicht überhaupt nie Etwas aus einem gleichen Überfluss von Kraft heraus gethan worden. Mein Begriff ›dionysisch‹ wurde hier höchste That«. (Ecce homo, KSA 6, 343)

Nietzsche gibt hier an, den Begriff ›dionysisch‹ in die Tat umgesetzt zu haben. Bemerkenswerterweise ist diese Tat –– ein Buch. Auch die *Genealogie der Moral* wird zumindest atmosphärisch in den Bereich des Dionysischen gerückt:

»Die drei Abhandlungen, aus denen diese Genealogie besteht, sind vielleicht in Hinsicht auf Ausdruck, Absicht und Kunst der Überraschung, das Unheimlichste, was bisher geschrieben worden ist. Dionysos ist, man weiss es, auch der Gott der Finsterniss.« (Ecce homo, KSA 6, 352)

Schließlich stellt Nietzsche über sein Verhältnis zur Musik auch für die Schrift *Der Fall Wagner* eine Verbindung zum Dionysischen her:

»Um dieser Schrift gerecht zu werden, muss man am Schicksal der Musik wie an einer offnen Wunde leiden. – Woran ich leide, wenn ich am Schicksal der Musik leide? Daran, dass die Musik um ihren weltverklärenden, jasagenden Charakter gebracht worden ist, – dass sie décadence-Musik und nicht mehr die Flöte des Dionysos ist…« (Ecce homo, KSA 6, 357)

Schon die Charakterisierungen seiner Schriften umreißen ein Bedeutungsfeld: Der Bereich des Dionysischen umfaßt einen »Überfluss von Kraft«, die »Kunst der Überraschung«, läßt Unheimliches und Finsteres anklingen, steht gleichzeitig aber auch für einen »weltverklärenden, jasagenden Charakter der Musik«.

Die Geburt der Tragödie

Ein erstrangiger Einstiegspunkt, um das Bedeutungsfeld des ›Dionysischen‹ weiter zu klären, ist die *Geburt der Tragödie* sowie die Kommentare zu diesem Buch in *Ecce homo*. Als eine der »zwei entscheidenden Neuerungen« in der *Geburt der Tragödie* bezeichnet Nietzsche genau das »Verständniss des dionysischen Phänomens«:

»Eine ›Idee‹ – der Gegensatz dionysisch und apollinisch – ins Metaphysische übersetzt; die Geschichte selbst als die Entwicklung dieser ›Idee‹; in der Tragödie der Gegensatz zur Einheit aufgehoben; unter dieser Optik Dinge, die noch nie einander ins Gesicht gesehn hatten, plötzlich gegenüber gestellt, aus einander beleuchtet und begriffen… Die Oper zum Beispiel und die Revolution… Die zwei entscheidenden Neuerungen des Buchs sind einmal das Verständniss des dionysischen Phänomens bei den Griechen: es giebt dessen erste Psychologie, es sieht in ihm die Eine Wurzel der ganzen griechischen Kunst. Das Andre ist das Verständniss des Sokratismus […].« (Ecce homo, KSA 6, 310)

Als Grundkonzept der *Geburt der Tragödie* fungiert der Gegensatz »Dionysisch-Apollinisch«. Die attische Tragödie als Kunstwerk deutet Nietzsche in seinem frühen Werk als Frucht der durch diesen Gegensatz erzeugten Spannung: »in der Tragödie der Gegensatz zur Einheit aufgehoben«.

Beide, Apollon und Dionysos, stellt Nietzsche als Gottheiten der griechischen Kunst vor, wobei die Musik in die Sphäre des Dionysos fällt. Da in der griechischen Mythologie Apollon sehr wohl mit Musik befaßt ist, hat Nietzsche hier eine Erklärung nötig:

»Die Musik des Apollo war dorische Architektonik in Tönen, aber in nur angedeuteten Tönen, wie sie der Kithara zu eigen sind. Behutsam ist gerade das Element, als unapollinisch, ferngehalten, das den Charakter der dionysischen Musik und damit der Musik überhaupt ausmacht, die erschütternde Gewalt des Tones, der einheitliche Strom des Melos [griech.: Lied, Trauerlied] und die durchaus unvergleichliche Welt der Harmonie.« (KSA 1, 33)

Die dionysische Musik wird zur »Musik überhaupt« gedeutet: In der dionysischen Musik kommt Musik als »erschütternde Gewalt des Tones«, »einheitliche[r] Strom des Melos« und »unvergleichliche Welt der Harmonie« gewissenmaßen zu sich selbst. Nietzsches Beschreibung verdeutlicht, warum diese Musik einen Gegensatz zur Kunst des Apollon darstellt: Während hier von Erschütterung und einem einheitlichen – also Grenzen auflösenden – Strom die Rede ist, steht auf der Gegenseite eine strenge Architektonik. Die apollinische »Kunst des Bildners« konturiert, macht durch Abgrenzung sichtbar, erzeugt eine Schönheit der Proportionen, des Maßes. Die Musik des Dionysos entgrenzt und berauscht: »entweder apollinischer Traumkünstler oder dionysischer Rauschkünstler oder endlich – wie beispielsweise in der griechischen Tragödie – zugleich Rausch- und Traumkünstler [...]« (KSA 1, 30)

Nietzsche gebraucht den Rausch als Analogie und Verständnishilfe, spricht vom »Wesen des Dionysischen, das uns am nächsten noch durch die Analogie des Rausches gebracht wird« (KSA 1, 28). Das Gemeinsame besteht darin, daß sich der Einzelne, das Individuum in Rausch oder Ekstase verliert:

»Entweder durch den Einfluss des narkotischen Getränkes, von dem alle ursprünglichen Menschen und Völker in Hymnen sprechen, oder bei dem gewaltigen, die ganze Natur lustvoll durchdringenden Nahen des Frühlings erwachen jene dionysischen Regungen, in deren Steigerung das Subjective zu völliger Selbstvergessenheit hinschwindet.« (KSA 1, 28f.)

In Anlehnung an die Terminologie Schopenhauers spricht Nietzsche in seinem frühen Werk vom »Zerbrechen des principii individuationis«. Die Rechtfertigung für diese Assoziation des Dionysos mit der rauschhaften Auflösung der Grenzen des Individuums im »Orgiasmus [von orgia lat.: nächtliche Bacchusfeier] als eines überströmenden Lebens- und Kraftgefühls« findet Nietzsche in den griechischen Dionysos-Mythen und den eleusinischen Mysterien, religiösen Weihefeiern der Antike.

»In Wahrheit aber ist jener Held [der jeweilige Held der Tragödien, der vom Tragödienchor als eine der Maskierungen des Dionysos identifiziert wird] der leidende Dionysus der Mysterien, jener die Leiden der Individuation an sich erfahrende Gott, von dem wundervolle Mythen erzählen, wie er als Knabe von den Titanen zerstückelt worden sei und nun in diesem Zustande als Zagreus verehrt werde: wobei angedeutet wird, dass diese Zerstückelung, das eigentlich dionysische Leiden, gleich einer Umwandlung in Luft, Wasser, Erde und Feuer sei, dass wir also den Zustand der Individuation als den Quell und Urgrund alles Leidens, als etwas an sich Verwerfliches, zu betrachten hätten. Aus dem Lächeln dieses Dionysus sind die olympischen Götter, aus seinen Thränen die Menschen entstanden. In jener Existenz als zerstückelter Gott hat Dionysus die Doppelnatur eines grausamen verwilderten Dämons und eines milden sanftmüthigen Herrschers. Die Hoffnung der Epopten [der zum dritten Grad der eleusinischen Mysterien Geweihten] ging aber auf eine Wiedergeburt des Dionysus, die wir jetzt als das Ende der Individuation ahnungsvoll zu begreifen haben: diesem kommenden dritten Dionysus erscholl der brausende Jubelgesang der Epopten. Und nur in dieser Hoffnung giebt es einen Strahl von Freude auf dem Antlitze der zerrissenen, in Individuen zertrümmerten Welt: wie es der Mythus durch die in ewige Trauer versenkte Demeter verbildlicht, welche zum ersten Male wieder sich freut, als man ihr sagt, sie könne den Dionysus noch einmal gebären.« (KSA 1, 72)

Nietzsches frühe Interpretation der Dionysos-Mythen und der eleusinischen Einweihungsriten in der *Geburt der Tragödie* zielt in eine bestimmte Richtung. Er legt den Akzent auf das Leiden des in die vier Elemente zerstückelten Dionysos und interpretiert dieses als das Leiden der Individuation, das im leidenden Bewußtsein der Begrenztheit, Endlichkeit und Vereinzelung eines Individuums gipfelt. Das Ziel seiner Interpretation ist es, das Dionysische mit einer Erlösung von diesem Leiden zu identifizieren, welche durch die Wiedervereinigung der »zerrissenen, in Individuen zertrümmerten Welt« im dionysischen Kunstrausch gelingt.

Nietzsche bedauert später den Einfluß der philosophischen Begrifflichkeit Kants und Schopenhauers auf sein Buch und betont demgegenüber dessen Eigenständigkeit: »Wie sehr bedauere ich es jetzt, dass ich damals noch nicht den Muth (oder die Unbescheidenheit?) hatte, um mir in jedem Betrachte für so eigne Anschauungen und Wagnisse auch eine eigne Sprache zu erlauben, – dass ich mühselig mit Schopenhauerischen und Kantischen Formeln fremde und neue Werthschätzungen auszudrücken suchte, welche dem Geiste Kantens und Schopenhauers, ebenso wie ihrem Geschmacke, von Grund aus entgegen giengen!« (KSA 1, 19). Noch wichtiger als die philosophische Begrifflichkeit, von der sich Nietzsche distanziert, ist, daß er die zunächst positive Bewertung des ästhetischen Scheins in der *Geburt der Tragödie* später zurücknimmt und als »Artisten-Metaphysik« abtut:

»Die Welt, in jedem Augenblicke die erreichte Erlösung Gottes, als die ewig wechselnde, ewig neue Vision des Leidendsten, Gegensätzlichsten, Widerspruchreichsten, der nur im Scheine sich zu erlösen weiss: diese ganze Artisten-Metaphysik mag man willkürlich, müssig, phantastisch nennen –, das Wesentliche daran ist, dass sie bereits einen Geist verräth, der sich einmal auf jede Gefahr hin gegen die moralische Ausdeutung und Bedeutsamkeit des Daseins zur Wehre setzen wird.« (KSA 1, 17)

Aus den zitierten Passagen der *Geburt der Tragödie* kann jedoch die »Artisten-Metaphysik« und die von Kant und Schopenhauer stammende begriffliche Einfärbung ausgeblendet werden: Übrig bleiben Charakteristika des Dionysischen oder des Dionysos, die Nietzsche später aufgreift, und die in der Tat auch noch anklingen, wenn Nietzsche in *Ecce homo* von Dionysos spricht:

Der im Mythos zu den vier Elementen zerrissene Dionysos steht für eine innere Dynamik des Daseins, die gleichzeitig lust- und leidvoll ist. Diese Dynamik bringt die verschiedenen Daseinsformen hervor; aus »dem Lächeln dieses Dionysus sind die olympischen Götter, aus seinen Thränen die Menschen entstanden«. Dieselbe Dynamik aber vernichtet das Hervorgebrachte auch wieder: »[...] wie alles, was entsteht, zum leidvollen Untergange bereit sein muss«. Dionysos hat die »Doppelnatur eines grausamen verwilderten Dämons und eines milden sanftmüthigen Herrschers«. Das Attribut ›dionysisch‹ steht für einen bejahenden Einklang mit dieser Dynamik.

In *Ecce homo* zitiert Nietzsche eine Passage aus der *Götzen-Dämmerung*, die seine früheren Formulierungen in genau diesem Sinne deuten und übersetzen:

»In wiefern ich ebendamit den Begriff ›tragisch‹, die endliche Erkenntniss darüber, was die Psychologie der Tragödie ist, gefunden hatte, habe ich zuletzt noch in der Götzen-Dämmerung Seite 139 [vgl. KSA 6, 160] zum Ausdruck gebracht. ›Das Jasagen zum Leben selbst noch in seinen fremdesten und härtesten Problemen; der Wille zum Leben im Opfer seiner höchsten Typen der eignen Unerschöpflichkeit frohwerdend – das nannte ich dionysisch, das verstand ich als Brücke zur Psychologie des tragischen Dichters. Nicht um von Schrecken und Mitleiden loszukommen, nicht um sich von einem gefährlichen Affekt durch eine vehemente Entladung zu reinigen – so missverstand es Aristoteles: sondern um, über Schrecken und Mitleiden hinaus, die ewige Lust des Werdens selbst zu sein, jene Lust, die auch noch die Lust am Vernichten in sich schliesst ...‹ In diesem Sinne habe ich das Recht, mich selber als den ersten tragischen Philosophen zu verstehn – das heisst den äussersten Gegensatz und Antipoden eines pessimistischen Philosophen. Vor mir giebt es diese Umsetzung des Dionysischen in ein philosophisches Pathos nicht: es fehlt die tragische Weisheit, – ich habe vergebens nach Anzeichen davon selbst bei den grossen Griechen der Philosophie, denen der zwei Jahrhunderte vor Sokrates, gesucht. Ein Zweifel blieb mir zurück bei Heraklit, in dessen Nähe überhaupt mir wärmer, mir wohler zu Muthe wird als irgendwo sonst. Die Bejahung des Vergehens und Vernichtens, das Entscheidende in einer dionysischen Philosophie, das Jasagen zu Gegensatz und Krieg, das Werden, mit radikaler Ablehnung auch selbst des Begriffs ›Sein‹ – darin muss ich unter allen Umständen das mir Verwandteste anerkennen, was bisher gedacht worden ist.« (Ecce homo, KSA 6, 312f.)

Die Akzentverschiebung gegenüber der *Geburt der Tragödie* ist deutlich: Es geht nicht länger um die illusionäre Daseinserlösung im dionysischen Kunstrausch. Wenn Nietzsche von der »Umsetzung des Dionysischen in philosophisches Pathos« spricht, so ist diese in der *Geburt der Tragödie* erst gewissermaßen bis zur Umsetzung in ein ästhetisches Pathos gediehen. Vollständig umgesetzt bildet das »Jasagen zum Leben selbst noch in seinen fremdesten und härtesten Problemen« das Zentrum einer »dionysischen Philosophie«. Dieser steht der ästhetische Schein, als Rauschgift zur Daseinsbewältigung, nicht mehr zur Verfügung. Es geht ohne Illusionen um die Realität, um das Tatsächliche.

Nietzsches Formel »Dionysos philosophos« steht für eine Philosophie, die das Leben so, wie es ist, bejaht und zur Förderung der Fülle unterschiedlicher Daseinsformen durch Gedankenexperimente gestaltend, damit aber auch zerstörend in das Dasein eingreift. Lebensbejahung als philosophische Position hat zwei grundsätzliche Konsequenzen: Gegen das Dasein, wie es ist, kann weder die Forderung, wie es eigentlich sein sollte, noch die Suche danach, wie es eigentlich und in Wahrheit ist, ausgespielt werden. Die klassischen Gegensatzpaare ›Sein und Sollen‹ sowie ›Sein und Schein‹ verschwinden: »Denn ein Sollen giebt es nicht mehr; die Moral, insofern sie ein Sollen war, ist ja durch unsere Betrachtungsart ebenso vernichtet wie die Religion.« (KSA 2, 54). Und: »Die Welt scheiden in eine ›wahre‹ und eine ›scheinbare‹ [...] ist nur eine Suggestion der décadence, – ein Symptom niedergehenden Lebens« (KSA 6, 79). Nietzsches Formel vom Philosophen Dionysos steht daher für die Ablehnung von Moralismen und Idealismen. Nietzsche fährt im Kommentar zur *Geburt der Tragödie*, den er in *Ecce homo* gibt, in diesem Sinne fort:

»Ich sah zuerst den eigentlichen Gegensatz: – den entartenden Instinkt, der sich gegen das Leben mit unterirdischer Rachsucht wendet (– Christenthum, die Philosophie Schopenhauers, in gewissem Sinne schon die Philosophie Platos, der ganze Idealismus als typische Formen) und eine aus der Fülle, der Überfülle geborene Formel der höchsten Bejahung, ein Jasagen ohne Vorbehalt, zum Leiden selbst, zur Schuld selbst, zu allem Fragwürdigen und Fremden des Daseins selbst ... Dieses letzte, freudigste, überschwänglich-übermüthigste Ja zum Leben ist nicht nur die höchste Einsicht, es ist auch die tiefste, die von Wahrheit und Wissenschaft am strengsten bestätigte und aufrecht erhaltene. Es ist Nichts, was ist, abzurechnen, es ist Nichts entbehrlich – die von den Christen und andren Nihilisten abgelehnten Seiten des Daseins sind sogar von unendlich höherer Ordnung in der Rangordnung der Werthe als das, was der Décadence-Instinkt gutheissen, gut heissen durfte. Dies zu begreifen, dazu gehört Muth und, als dessen Bedingung, ein Überschuss von Kraft: denn genau so weit als der Muth sich vorwärts wagen darf, genau nach dem Maass von Kraft nähert man sich der Wahrheit. Die Erkenntniss, das Jasagen zur Realität ist für den Starken eine ebensolche Nothwendigkeit als für den Schwachen, unter der Inspiration der Schwäche, die Feigheit und Flucht vor der Realität – das ›Ideal‹ ... Es steht ihnen nicht frei, zu erkennen: die décadents haben die Lüge nöthig, sie ist eine ihrer Erhaltungs-Bedingungen. – Wer das Wort ›Dionysisch‹ nicht nur begreift, sondern sich in dem Wort ›dionysisch‹ begreift, hat keine Widerlegung Platos oder des Christenthums oder Schopenhauers nöthig – er riecht die Verwesung ...« (Ecce homo, KSA 6, 311f.)

Der Eingriff einer »dionysischen Philosophie« in das Leben wird zum Thema einer weiteren Passage aus dem Kommentar zur *Geburt der Tragödie*. Nietzsches Formulierungen an dieser Stelle lesen sich vor dem Hintergrund der nachfolgenden deutschen Geschichte makaber.

»Aus dieser Schrift redet eine ungeheure Hoffnung. Zuletzt fehlt mir jeder Grund, die Hoffnung auf eine dionysische Zukunft der Musik zurückzunehmen. Werfen wir einen Blick ein Jahrhundert voraus, setzen wir den Fall, dass mein Attentat auf zwei Jahrtausende Widernatur und Menschenschändung gelingt. Jene neue Partei des Lebens, welche die grösste aller Aufgaben, die Höherzüchtung der Menschheit in die Hände nimmt, eingerechnet die schonungslose Vernichtung alles Entartenden und Parasitischen, wird jenes Zuviel von Leben auf Erden wieder möglich machen, aus dem auch der dionysische Zustand wieder erwachsen muss. Ich verspreche ein tragisches Zeitalter: die höchste Kunst im Jasagen zum Leben, die Tragödie, wird wiedergeboren werden, wenn die Menschheit das Bewusstsein der härtesten, aber nothwendigsten Kriege hinter sich hat, ohne daran zu leiden ...« (Ecce homo, KSA 6, 313)

Nun verbietet es sich, bei Nietzsche die »Höherzüchtung der Menschheit« mit Rassenwahn oder Nationalismus zu assoziieren: »Nein, wir lieben die Menschheit nicht; andererseits sind wir aber auch lange nicht ›deutsch‹ genug, wie heute das Wort ›deutsch‹ gang und gäbe ist, um dem

Nationalismus und dem Rassenhass das Wort zu reden, um an der nationalen Herzenskrätze und Blutvergiftung Freude haben zu können, derenthalben sich jetzt in Europa Volk gegen Volk wie mit Quarantänen abgrenzt, absperrt.« (KSA 3, 630).

Das Attentat, auf dessen Gelingen er hofft, ist ein Buch: die »Umwerthung aller Werthe«, Nietzsches *Antichrist*. Und die Vernichtung wünscht er nicht Personen, sondern einem Stand: »Hier bliebe die Möglichkeit offen, dass nicht die Menschheit in Entartung sei, sondern nur jene parasitische Art Mensch, die des Priesters, die mit der Moral sich zu ihren Werth-Bestimmern emporgelogen hat, – die in der christlichen Moral ihr Mittel zur Macht errieth...« (Ecce homo, KSA 6, 372).

Schließlich ist der Ausdruck ›Züchtung‹ bei Nietzsche eher im weiteren Sinn von ›Aufzucht und Hege‹ oder Erziehung als im engeren Sinne einer ›Auslese‹ zu verstehen. Die philosophische »Höherzüchtung« besteht in der Schaffung günstiger Lebensbedingungen für das Gelingen lebensbejahender Formen menschlichen Daseins. Zu solchen Lebensbedingungen zählen, wie an einer Textstelle aus *Jenseits von Gut und Böse* deutlich wird, nachrangig die politischen und wirtschaftlichen Verhältnisse, in erster Linie jedoch Wertmaßstäbe und selbst religiöse Orientierungen:

»Der Philosoph, wie wir ihn verstehen, wir freien Geister als der Mensch der umfänglichsten Verantwortlichkeit, der das Gewissen für die Gesammt-Entwicklung des Menschen hat: dieser Philosoph wird sich der Religionen zu seinem Züchtungs- und Erziehungswerke bedienen, wie er sich der jeweiligen politischen und wirthschaftlichen Zustände bedienen wird.« (KSA 5, 79)

Die Begriffe »Schöpfer« und »Vernichter«, die Nietzsche der Formel vom Philosophen Dionysos zuordnet, beziehen sich in erster Linie auf das Umstellen von Werten und Perspektiven. Ausgehend von einem Selbstzitat aus *Also sprach Zarathustra* bezeichnet sich Nietzsche in *Ecce homo* als »Vernichter par excellence« im Sinne eines Zerbrechens von Werten:

»– und wer ein Schöpfer sein will im Guten und Bösen, der muss ein Vernichter erst sein und Werthe zerbrechen.
Also gehört das höchste Böse zur höchsten Güte: diese aber ist die schöpferische.

Ich bin bei weitem der furchtbarste Mensch, den es bisher gegeben hat; dies schliesst nicht aus, dass ich der wohlthätigste sein werde. Ich kenne die Lust am Vernichten in einem Grade, die meiner Kraft zum Vernichten gemäss ist, – in Beidem gehorche ich meiner dionysischen Natur, welche das Neinthun nicht vom Jasagen zu trennen weiss. Ich bin der erste Immoralist: damit bin ich der Vernichter par excellence. –« (Ecce homo, KSA 6, 366)

Dionysos als Psychologe

Einen letzten Aspekt des »Dionysischen«, der hier angesprochen werden soll, leitet Nietzsche aus der verwandelnden Wirkung der dionysischen Erregung her. Dieser Aspekt betrifft die Fähigkeit zur Einfühlung und steht in Verbindung mit dem Anspruch Nietzsches, ein erstrangiger »Psychologe« zu sein. Die 1886 nachgetragene Vorrede zur *Geburt der Tragödie* kann wiederum als Einstiegspunkt dienen:

»Im dionysischen Zustande ist dagegen das gesammte Affekt-System erregt und gesteigert: so dass es alle seine Mittel des Ausdrucks mit einem Male entladet und die Kraft des Darstellens, Nachbildens, Transfigurirens, Verwandelns, alle Art Mimik und Schauspielerei zugleich heraustreibt. Das Wesentliche bleibt die Leichtigkeit der Metamorphose, die Unfähigkeit, nicht zu reagiren (– ähnlich wie bei gewissen Hysterischen, die auch auf jeden Wink hin in jede Rolle eintreten). Es ist dem dionysischen Menschen unmöglich, irgend eine Suggestion nicht zu verstehn, er übersieht kein Zeichen des Affekts, er hat den höchsten Grad des verstehenden und errathenden Instinkts, wie er den höchsten Grad von Mittheilungs-Kunst besitzt. Er geht in jede Haut, in jeden Affekt ein: er verwandelt sich beständig. –« (KSA 6, 117f.)

Die beständige Verwandlung erlaubt wechselnde Perspektiven. Sie erlaubt dadurch nicht nur das Spiel mit Masken – also das Verändern der Außenwirkung, sondern ebenso auch das Aufsuchen von Gesichtspunkten anderer, die Einfühlung in fremde Perspektiven. Wenn Nietzsche sich als »Psychologen« bezeichnet, dann im Sinne dieses »verstehenden und errathenden Instinkts«. Eine längere Passage aus *Ecce homo* setzt ein Zitat aus *Jenseits von Gut und Böse* gewissermaßen unter die neue Überschrift ›Nietzsche als Psychologe‹. Im ursprünglichen Kontext spricht Nietzsche aus, daß er »Dionysos« beschreibt: »[...] der, von dem ich eben sprach, [...] kein Geringerer nämlich als der Gott Dionysos, jener grosse Zweideutige und Versucher-Gott«. In *Ecce homo* verbittet er sich statt dessen »jede Muthmassung darüber«, wem seine Beschreibung gilt – und läßt damit eine doppelte Lesart des Textes offen: Einerseits beschreibt die Stelle ein Genie der Einfühlung, andererseits äußert sich in der Freiheit und Subtilität, mit der sich Nietzsche in dieses Genie der Einfühlung hineinversetzt, ein solches Maß an eigenem Einfühlungsvermögen, daß der Schluß naheliegt, Nietzsche könnte sich selbst mit diesem identifizieren:

»Um einen Begriff von mir als Psychologen zu geben, nehme ich ein curioses Stück Psychologie, das in ›Jenseits von Gut und Böse‹ vorkommt, – ich verbiete übrigens jede Muthmassung darüber, wen ich an dieser Stelle beschreibe. ›Das Genie des Herzens, wie es jener grosse Verborgene hat, der Versucher-Gott und geborne Rattenfänger der Gewissen, dessen Stimme bis in die Unterwelt jeder Seele hinabzusteigen weiss, welcher nicht ein Wort sagt, nicht einen Blick blickt, in dem nicht eine Rücksicht und Falte der Lockung läge, zu dessen Meisterschaft es gehört, dass er zu scheinen versteht – und nicht das, was er ist, sondern was denen, die ihm folgen, ein Zwang mehr ist, um sich immer näher an ihn zu drängen, um ihm immer innerlicher und gründlicher zu folgen ... Das Genie des Herzens, das alles Laute und Selbstgefällige verstummen macht und horchen lehrt, das die rauhen Seelen glättet und ihnen ein neues Verlangen zu kosten giebt, – still zu liegen, wie ein Spiegel, dass sich der tiefe

Himmel auf ihnen spiegele ... Das Genie des Herzens, das die tölpische und überrasche Hand zögern und zierlicher greifen lehrt; das den verborgenen und vergessenen Schatz, den Tropfen Güte und süsser Geistigkeit unter trübem dickem Eise erräth und eine Wünschelruthe für jedes Korn Goldes ist, welches lange im Kerker vielen Schlammes und Sandes begraben lag ... Das Genie des Herzens, von dessen Berührung jeder reicher fortgeht, nicht begnadet und überrascht, nicht wie von fremdem Gute beglückt und bedrückt, sondern reicher an sich selber, sich neuer als zuvor, aufgebrochen, von einem Thauwinde angeweht und ausgehorcht, unsicherer vielleicht, zärtlicher zerbrechlicher zerbrochener, aber voll Hoffnungen, die noch keinen Namen haben, voll neuen Willens und Strömens, voll neuen Unwillens und Zurückströmens ...‹« (Ecce homo, KSA 6, 307f.)

Diese Passage steht in bemerkenswertem Kontrast zu den gewalttätigen Formulierungen von der »Höherzüchtung der Menschheit« unter »schonungslose[r] Vernichtung alles Entartenden und Parasitischen«. Die subtile Einfühlungskraft des »Genies des Herzens«, das jeden so zu behandeln versteht, daß er »reicher an sich selber« aus dieser Behandlung hervorgeht, ist überraschenderweise nichts anderes als die »Höherzüchtung«, im Sinne der Aufzucht lebendigerer Menschen: In *Jenseits von Gut und Böse* schließt Nietzsche an die in *Ecce homo* zitierte Passage einen kurzen Dialog an, der diese überraschende Identifikation belegt:

»So sagte er [Dionysos] einmal: ›unter Umständen liebe ich den Menschen – und dabei spielte er auf Ariadne [seine menschliche Geliebte] an, die zugegen war –: der Mensch ist mir ein angenehmes tapferes erfinderisches Thier, das auf Erden nicht seines Gleichen hat, es findet sich in allen Labyrinthen noch zurecht. Ich bin ihm gut: ich denke oft darüber nach, wie ich ihn noch vorwärts bringe und ihn stärker, böser und tiefer mache, als er ist.‹ – ›Stärker, böser und tiefer?‹ fragte ich erschreckt. ›Ja, sagte er noch Ein Mal, stärker, böser und tiefer; auch schöner‹ – und dazu lächelte der Versucher-Gott mit seinem halkyonischen Lächeln, wie als ob er eben eine bezaubernde Artigkeit gesagt habe.« (KSA 5, 239)

»Dionysos philosophos«, Dionysos als Philosoph ist die Formel für einen außerordentlich vielschichtigen Gedankenkomplex Nietzsches. Dieser trägt harte Züge bis zur vernichtenden Intervention in der Geschichte. Er führt zum Ausdruck euphorischer Daseinsbejahung, die als Kehrseite eine scharfe Distanzierung vom Christentum, von der idealistischen Philosophie im weitesten Sinne und von der zeitgenössischen Moral enthält. Der Gedankenkomplex umfaßt aber auch die subtile Fähigkeit der Verwandlung, der Einfühlung und der variablen Ausdruckskunst. Die Passagen aus *Ecce homo* zeigen, daß Nietzsche diese ganze Vielschichtigkeit mitdenkt, wenn er in der Formel »Dionysos gegen den Gekreuzigten« den Namen Dionysos verwendet.

Der Gekreuzigte

Ein historisches Mißverständnis

Nietzsche setzt in seiner Formel »den Gekreuzigten« gegen »Dionysos«. Er redet nicht von Christus oder allgemein vom Christentum. Dieser Unterschied ist für das Verständnis seiner Formel entscheidend. In *Der Antichrist*, also in der Schrift, die Nietzsche durch *Ecce homo* vorbereitet, interpretiert er das Ereignis der Kreuzigung Jesu als den Beginn eines welthistorischen Mißverständnisses:

»Umgekehrt: die Geschichte des Christenthums – und zwar vom Tode am Kreuze an – ist die Geschichte des schrittweise immer gröberen Missverstehns eines ursprünglichen Symbolismus. Mit jeder Ausbreitung des Christenthums über noch breitere, noch rohere Massen, denen die Voraussetzungen immer mehr abgiengen, aus denen es geboren ist, wurde es nöthiger, das Christenthum zu vulgarisiren, zu barbarisiren, – es hat Lehren und Riten aller unterirdischen Culte des imperium Romanum, es hat den Unsinn aller Arten kranker Vernunft in sich eingeschluckt.« (KSA 6, 209)

Gegen dieses Mißverständnis ›Christentum‹ führt Nietzsche unerbittliche Attacken. Ihm wirft er vor, aus der Perspektive von Unterdrückten über das Leben geurteilt und alle macht- und prachtvolle Entfaltung menschlicher Lebensmöglichkeiten diskreditiert zu haben. *Der Antichrist* endet mit einem ungeheuer harten Urteil über das Christentum:

»Der Parasitismus als einzige Praxis der Kirche; mit ihrem Bleichsuchts-, ihrem ›Heiligkeits‹-Ideale jedes Blut, jede Liebe, jede Hoffnung zum Leben austrinkend; das Jenseits als Wille zur Verneinung jeder Realität; das Kreuz als Erkennungszeichen für die unterirdischste Verschwörung, die es je gegeben hat, – gegen Gesundheit, Schönheit, Wohlgerathenheit, Tapferkeit, Geist, Güte der Seele, gegen das Leben selbst...
Diese ewige Anklage des Christenthums will ich an alle Wände schreiben, wo es nur Wände giebt, – ich habe Buchstaben, um auch Blinde sehend zu machen... Ich heisse das Christenthum den Einen grossen Fluch, die Eine grosse innerlichste Verdorbenheit, den Einen grossen Instinkt der Rache, dem kein Mittel giftig, heimlich, unterirdisch, klein genug ist, – ich heisse es den Einen unsterblichen Schandfleck der Menschheit...« (KSA 6, 253)

Nietzsche will damit, wie er in *Ecce homo* betont, nicht einzelne Christen angreifen, sondern das Christentum als historische Größe:

»Wenn ich dem Christenthum den Krieg mache, so steht dies mir zu, weil ich von dieser Seite aus keine Fatalitäten und Hemmungen erlebt habe, – die ernstesten Christen sind mir immer gewogen gewesen. Ich selber, ein Gegner des Christenthums de rigueur, bin ferne davon, es dem Einzelnen nachzutragen, was das Verhängniss von Jahrtausenden ist. –« (Ecce homo, KSA 6, 275)

Nun kommt der scharfe Angriff gegen das Christentum in *Der Antichrist* nicht überraschend. Nietzsches Einwände und Kritik schließen bruchlos an seine vorhergehenden Werke an. Neu und überraschend ist, daß Nietzsche, indem er die Geschichte des Christentums so betont mit einem Mißverständnis beginnen läßt, dessen mißverstandenen Ursprung aus seiner Kritik auszuklammern beginnt.

Nietzsche macht in *Der Antichrist* Erklärungsversuche, wie und warum es zu diesem Mißverständnis gekommen ist: Er nennt zwei Gründe. Der erste Grund hat entscheidend mit dem Blickwinkel, der Perspektive zu tun, aus der das Leben und Wirken Jesu gesehen wurde. Es ist die Perspektive seiner mit seinem gewaltsamen Tod konfrontierten Jünger, aus der sich das Bild zu verzerren beginnt:

»– Und von nun an tauchte ein absurdes Problem auf ›wie konnte Gott das zulassen!‹ Darauf fand die gestörte Vernunft der kleinen Gemeinschaft eine geradezu schrecklich absurde Antwort: Gott gab seinen Sohn zur Vergebung der Sünden, als Opfer. Wie war es mit Einem Male zu Ende mit dem Evangelium! Das Schuldopfer und zwar in seiner widerlichsten, barbarischsten Form, das Opfer des Unschuldigen für die Sünden der Schuldigen! Welches schauderhafte Heidenthum! [...] Von nun an tritt schrittweise in den Typus des Erlösers hinein: die Lehre vom Gericht und von der Wiederkunft, die Lehre vom Tod als einem Opfertode, die Lehre von der Auferstehung, mit der der ganze Begriff ›Seligkeit‹, die ganze und einzige Realität des Evangeliums, eskamotirt ist – zu Gunsten eines Zustandes nach dem Tode! ... Paulus hat diese Auffassung, diese Unzucht von Auffassung mit jener rabbinerhaften Frechheit, die ihn in allen Stücken auszeichnet, dahin logisirt: ›wenn Christus nicht auferstanden ist von den Todten, so ist unser Glaube eitel‹. – [...]« (KSA 6, 214f.)

Als zweite Ursache für das Mißverständnis identifiziert Nietzsche, wie schon hier anklingt, das Wirken des Paulus:

»Der ›frohen Botschaft‹ folgte auf dem Fuss die allerschlimmste: die des Paulus. In Paulus verkörpert sich der Gegensatz-Typus zum ›frohen Botschafter‹ [...] Sein Bedürfniss war die Macht; mit Paulus wollte nochmals der Priester zur Macht, –

er konnte nur Begriffe, Lehren, Symbole brauchen, mit denen man Massen tyrannisirt, Heerden bildet. –« (KSA 6, 215f.)

Das Christentum, dem Nietzsche den »Krieg« erklärt, ist – nach seiner Darstellung – aus einem doppelten Mißgriff entstanden: aus der Fassungslosigkeit der Jünger und dem Machtwillen des Paulus.

Der Typus des Erlösers

Um die Entstehung des Christentums besser verstehen und verständlich machen zu können, stellt Nietzsche die These auf, daß »der psychologische Typus des Galiläers [...] noch erkennbar« sei. Der Ausdruck »psychologischer Typus« zeigt an, daß Nietzsche in *Der Antichrist* eines seiner subtilen Einfühlungsprojekte startet: Er versucht die Fähigkeit, »in die Unterwelt jeder Seele hinabzusteigen«, auf Jesus, den »Galiläer« anzuwenden. Überraschend ist, was Nietzsche dabei zu Tage fördert. Einer Interpretation Werner Stegmaiers nach (NSt 21 (1992), 161–183) – der die folgenden Lesehinweise Entscheidendes verdanken – könnte Nietzsche selbst durch die gewonnenen Einblicke überrascht und sogar angeregt worden sein, seine Interpretation des Lebens als »Willen zur Macht« zu modifizieren.

Nietzsche setzt seine eigene Interpretation gegen das, was er für eine historische Fehlinterpretation hält. Er sucht in den Evangelien nach Anhaltspunkten für seine Suche nach dem »psychologische[n] Typus des Erlösers«: »Derselbe könnte ja in den Evangelien enthalten sein trotz den Evangelien, wie sehr auch immer verstümmelt oder mit fremden Zügen überladen« (KSA 6, 199). Und er findet einen Ausgangspunkt: »›widerstehe nicht dem Bösen‹ das tiefste Wort der Evangelien, ihr Schlüssel in gewissem Sinne« (KSA 6, 200). Hieran anknüpfend interpretiert er den Ausgangspunkt der Mißverständnisse, die Kreuzigung, den Gekreuzigten neu:

»Dieser ›frohe Botschafter‹ starb wie er lebte, wie er lehrte – nicht um ›die Menschen zu erlösen‹, sondern um zu zeigen, wie man zu leben hat. Die Praktik ist es, welche er der Menschheit hinterliess: sein Verhalten vor den Richtern, vor den Häschern, vor den Anklägern und aller Art Verleumdung und Hohn, – sein Verhalten am Kreuz. Er widersteht nicht, er vertheidigt nicht sein Recht, er thut keinen Schritt, der das Äusserste von ihm abwehrt, mehr noch, er fordert es heraus ... Und er bittet, er leidet, er liebt mit denen, in denen, die ihm Böses thun ... Die Worte zum Schächer am Kreuz enthalten das ganze Evangelium. ›Das ist wahrlich ein göttlicher Mensch gewesen, ein Kind Gottes‹, sagt der Schächer. ›Wenn du dies fühlst – anwortet der Erlöser – so bist du im Paradiese, so bist auch du ein Kind Gottes ...‹ Nicht sich wehren, nicht zürnen, nicht verantwortlich-machen ... Sondern auch nicht dem Bösen widerstehen, – ihn lieben ...« (KSA 6, 207f.)

Wenn Nietzsche von der »Praktik« (dem Muster des Handelns) spricht, die der Gekreuzigte der Menschheit hinterlassen hat, dann liegt hierin schon eine der Überraschungen seiner Interpretation: Nietzsche, dem es zentral um die Bejahung des Lebens und der Fülle der Daseinsformen geht, läßt die Art Jesu, zu leben und zu sterben, gelten. Die Formulierungen in *Der Antichrist* werden sogar noch deutlicher:

»Es ist falsch bis zum Unsinn, wenn man in einem ›Glauben‹, etwa im Glauben an die Erlösung durch Christus das Abzeichen des Christen sieht: bloss die christliche Praktik, ein Leben so wie der, der am Kreuze starb, es lebte, ist christlich ... Heute noch ist ein solches Leben möglich, für gewisse Menschen sogar nothwendig: das echte, das ursprüngliche Christenthum wird zu allen Zeiten möglich sein ...« (KSA 6, 211)

Dem historischen Christentum setzt Nietzsche hier das »ursprüngliche« entgegen; dieses bleibt »möglich« auch nach seinem »Attentat auf zwei Jahrtausende Widernatur«.

Der große Symbolist

Eine weitere Überraschung liegt in der Beobachtung der besonderen Lebendigkeit, Freiheit und Bejahung, die Nietzsche mit dem Gekreuzigten assoziiert. Sein Begriff dafür ist »Symbolik«:

»Gerade, dass kein Wort wörtlich genommen wird, ist diesem Anti-Realisten die Vorbedingung, um überhaupt reden zu können. [...] Man könnte, mit einiger Toleranz im Ausdruck, Jesus einen ›freien Geist‹ nennen – er macht sich aus allem Festen nichts: das Wort tödtet, alles was fest ist, tödtet. Der Begriff, die Erfahrung ›Leben‹, wie er sie allein kennt, widerstrebt bei ihm jeder Art Wort, Formel, Gesetz, Glaube, Dogma. Er redet bloss vom Innersten: ›Leben‹ oder ›Wahrheit‹ oder ›Licht‹ ist sein Wort für das Innerste, – alles übrige, die ganze Realität, die ganze Natur, die Sprache selbst, hat für ihn bloss den Werth eines Zeichens, eines Gleichnisses. [...] Eine solche Symbolik par excellence steht ausserhalb aller Religion, aller Cult-Begriffe, aller Historie, aller Naturwissenschaft, aller Welt-Erfahrung, aller Kenntnisse, aller Politik, aller Psychologie, aller Bücher, aller Kunst – sein ›Wissen‹ ist eben die reine Thorheit darüber, dass es Etwas dergleichen giebt. Die Cultur ist ihm nicht einmal vom Hörensagen bekannt, er hat keinen Kampf gegen sie nöthig, – er verneint sie nicht ... Dasselbe gilt vom Staat, von der ganzen bürgerlichen Ordnung und Gesellschaft, von der Arbeit, vom Kriege – er hat nie einen Grund gehabt, ›die Welt‹ zu verneinen, er hat den kirchlichen Begriff ›Welt‹ nie geahnt ... Das Verneinen ist eben das ihm ganz Unmögliche. – Insgleichen fehlt die Dialektik, es fehlt die Vorstellung dafür, dass ein Glaube, eine ›Wahrheit‹ durch Gründe bewiesen werden könnte (– seine Beweise sind innere ›Lichter‹, innere Lust-Gefühle und Selbstbejahungen, lauter ›Beweise der Kraft‹ –) Eine solche Lehre kann auch nicht widersprechen, sie begreift gar nicht, dass es andre Lehren giebt, geben kann, sie weiss sich ein gegentheiliges Urtheilen gar nicht vorzustellen ... Wo sie es antrifft, wird sie aus innerstem Mitgefühle über ›Blindheit‹ trauern, – denn sie sieht das ›Licht‹ –, aber keinen Einwand machen ...« (KSA 6, 203ff.)

»Freier Geist«, die »Erfahrung ›Leben‹« und »Selbstbejahungen« sind Begriffe, die im Kontext der Schriften Nietzsches nicht nur einen positiven Klang haben, sondern immer auch mit dem spezifisch eigenen Akzent seines Denkens verknüpft sind. Auch die bereits angesprochene Schwierigkeit Nietzsches, einen angemessenen Ausdruck für die Lebendigkeit seiner Gedanken und Erlebnisse zu finden, hat hier eine bemerkenswerte Parallele: »das Wort tödtet, alles was fest ist, tödtet«.

Die »Symbolik« Jesu beginnt mit dem gleichnishaften Charakter seiner »Lehre«, der eine Umsetzung in Gesetze und Dogmen widerstrebt: »die Sprache selbst, hat für ihn bloss den Werth eines Zeichens, eines Gleichnisses«. Jesus »redet« mittels Zeichen und Gleichnissen »bloß vom Innersten«. Es besteht hier eine auffällige Ähnlichkeit zu den Passagen aus *Ecce homo*, in denen Nietzsche seine »Kunst des Stils« erläutert: »Einen Zustand, eine innere Spannung von Pathos durch Zeichen, eingerechnet das tempo dieser Zeichen, mitzutheilen – das ist der Sinn jedes Stils«. Die »Symbolik« Jesu geht jedoch über die Mitteilungsform weit hinaus: Nietzsche unterstellt Jesus eine so vollständige Konzentration auf das »Innerste«, daß sich bei diesem jede äußere Realität ins Symbolische auflöst, zum Zeichen für die innere »Wahrheit« eines »Gesammt-Verklärungs-Gefühl[s] aller Dinge« wird.

»Wenn ich irgend Etwas von diesem grossen Symbolisten verstehe, so ist es das, dass er nur innere Realitäten als Realitäten, als ›Wahrheiten‹ nahm, – dass er den Rest, alles Natürliche, Zeitliche, Räumliche, Historische nur als Zeichen, als Gelegenheit zu Gleichnissen verstand. Der Begriff ›des Menschen Sohn‹ ist nicht eine concrete Person, die in die Geschichte gehört, irgend etwas Einzelnes, Einmaliges, sondern eine ›ewige‹ Thatsächlichkeit, ein von dem Zeitbegriff erlöstes psychologisches Symbol. Dasselbe gilt noch einmal, und im höchsten Sinne, von dem Gott dieses typischen Symbolikers, vom ›Reich Gottes‹, vom ›Himmelreich‹, von der ›Kindschaft Gottes‹. [...] Aber es liegt ja auf der Hand, was mit den Zeichen ›Vater‹ und

›Sohn‹ angerührt wird – nicht auf jeder Hand, ich gebe es zu: mit dem Wort ›Sohn‹ ist der Eintritt in das Gesammt-Verklärungs-Gefühl aller Dinge (die Seligkeit) ausgedrückt, mit dem Wort ›Vater‹ dieses Gefühl selbst, das Ewigkeits-, das Vollendungs-Gefühl. –« (KSA 6, 206f.)

Der interessanteste Décadent

Das Bild, welches Nietzsche von Jesus zeichnet, radikalisiert seine eigene Fähigkeit, die erlebte Realität in wechselnden Perspektiven und mit wechselnden Ausdrucksmitteln zu ›verflüssigen‹. Die Radikalität liegt in der Ausschließlichkeit, mit der das »Innerste« die Realität überschreibt, also in der Abschließung gegenüber dem Äußeren. Um einen Menschen zu bezeichnen, der ganz eigensinnig und abgeschlossen in seinem »Innersten« verharrt, spricht Nietzsche von Jesus als »Idiot«: »Mit der Strenge des Physiologen gesprochen, wäre hier ein ganz andres Wort eher noch am Platz: das Wort Idiot. [...] als Zu-Hause-sein in einer Welt, an die keine Art Realität mehr rührt« (KSA 6, 200). Überraschenderweise ist das nicht als Einwand zu lesen, sondern gilt Nietzsche als Lebensmöglichkeit. Sichtbar wird in Jesus der »tiefe Instinkt dafür, wie man leben müsse, um sich ›im Himmel‹ zu fühlen, um sich ›ewig‹ zu fühlen, während man sich bei jedem andren Verhalten durchaus nicht ›im Himmel fühlt‹: dies allein ist die psychologische Realität der ›Erlösung‹. – Ein neuer Wandel, nicht ein neuer Glaube...« (KSA 6, 206).

Zu dieser Form der »Erlösung« schreibt Nietzsche etwas vorher: »Ich nenne sie [die Erlösungs-Lehre] eine sublime Weiter-Entwicklung des Hedonismus auf durchaus morbider Grundlage« (KSA 6, 201). Die Bezeichnung »morbid« – krankhaft, zerbrechlich – weist nun dem »Typus des Erlösers« einen bestimmten Platz innerhalb der Begrifflichkeit Nietzsches in *Der Antichrist* und ebenso in *Ecce homo* zu: Jesus ist ein »décadent«. Nietzsche spricht das deutlich aus. Der Gekreuzigte ist für ihn bemerkenswerterweise sogar der »interessanteste décadent«:

»Man hätte zu bedauern, dass nicht ein Dostoiewsky in der Nähe dieses interessantesten décadent gelebt hat, ich meine jemand, der gerade den ergreifenden Reiz einer solchen Mischung von Sublimem, Krankem und Kindlichem zu empfinden wusste.« (KSA 6, 202)

Dionysos und sein Gegensatz

Selbstbezeichnungen

Nietzsches Formel »Dionysos gegen den Gekreuzigten« folgt auf die dreimal wiederholte Frage: »Hat man mich verstanden?« Der Formel gehen Abschnitte voraus, die scharfe Absagen an das Christentum enthalten: »... Und das Alles wurde geglaubt als Moral! – Ecrasez l'infâme! ––« (Ecce homo, KSA 6, 374). Aus dem Kontext heraus ist deutlich, daß die naheliegende Interpretation der Entgegensetzung von Dionysos und Gekreuzigtem als Kürzel für Nietzsches »Krieg« gegen das Christentum von ihm durchaus beabsichtigt ist. Die Mehrdeutigkeiten im Denken Nietzsches und die Genauigkeit seiner Formulierungen legen jedoch nahe, daß diese erste Interpretation nicht erschöpfend sein kann bei einer Formel, die Nietzsche für sich, sein Leben findet.

Die Bezeichnungen »Dionysos« und »der Gekreuzigte« lassen sich jetzt – nach dem Aufsuchen weiterer Kontexte – mit mehr Leben füllen: Mit der Formulierung »Dionysos gegen den Gekreuzigten« wird der »Reichste an Lebensfülle, der dionysische Gott und Mensch« dem »interessantesten décadent« entgegengesetzt. So gelesen ist

»Dionysos gegen den Gekreuzigten« eine Radikalisierung von Nietzsches Selbstbezeichnung als »décadent und sein Gegensatz« und wären beide Bezeichnungen – »Dionysos« und »der Gekreuzigte« – eben auch Selbstbezeichnungen. Naheliegend ist diese Lesart im ersten Fall, spricht Nietzsche doch selbst von seiner »dionysischen Natur« (Ecce homo, KSA 6, 366). Sein Text liefert aber auch noch weitere, weniger ausdrückliche Hinweise. Tatsächlich gibt es bemerkenswerte inhaltliche Parallelen zwischen seiner Selbstdarstellung in *Ecce homo* und Textpassagen, die sich mit Dionysos, aber auch solche, die sich mit dem Gekreuzigten befassen; diese Parallelen stützen die These ebenfalls.

Identifikationspunkte

Im vierten Abschnitt des Kapitels »Warum ich so weise bin« schildert Nietzsche seine Fähigkeit, andere Menschen zu verwandeln. »Ich zähme jeden Bär, ich mache die Hanswürste noch sittsam« (Ecce homo, KSA 6, 269): Als Beispiel führt er seine pädagogischen Erfolge im Basler Griechischunterricht an und nennt darüber hinaus als gelungensten Fall die Förderung des Heinrich von Stein:

»Das Instrument, es sei, welches es wolle, es sei so verstimmt, wie nur das Instrument ›Mensch‹ verstimmt werden kann – ich müsste krank sein, wenn es mir nicht gelingen sollte, ihm etwas Anhörbares abzugewinnen. Und wie oft habe ich das von den ›Instrumenten‹ selber gehört, dass sie sich noch nie so gehört hätten ... Am schönsten vielleicht von jenem unverzeihlich jung gestorbenen Heinrich von Stein, der einmal, nach sorgsam eingeholter Erlaubniss, auf drei Tage in Sils-Maria erschien, Jedermann erklärend, dass er n i c h t wegen des Engadins komme. Dieser ausgezeichnete Mensch, der mit der ganzen ungestümen Einfalt eines preussischen Junkers in den Wagner'schen Sumpf hineingewatet war (– und ausserdem noch in den Dühring'schen!) war diese drei Tage wie umgewandelt durch einen

Sturmwind der Freiheit, gleich Einem, der plötzlich in seine Höhe gehoben wird und Flügel bekommt. Ich sagte ihm immer, das mache die gute Luft hier oben, so gehe es jedem, man sei nicht umsonst 6000 Fuss über Bayreuth, – aber er wollte mir's nicht glauben…« (Ecce homo, KSA 6, 269f.)

Als Parallele eines solchen gelingenden Spiels selbst auf einem verstimmten »Instrument ›Mensch‹« drängt sich auf, was Nietzsche über Dionysos als das Genie des Herzens schreibt:

»Das Genie des Herzens, das die tölpische und überrasche Hand zögern und zierlicher greifen lehrt; […] Das Genie des Herzens, von dessen Berührung jeder reicher fortgeht, nicht begnadet und überrascht, nicht wie von fremdem Gute beglückt und bedrückt, sondern reicher an sich selber […]« (Ecce homo, KSA 6, 307f.)

Neben Parallelen zum subtilen Dionysos, dem »Genie des Herzens«, finden sich auch Hinweise auf die aggressiven, destruktiven Züge des Dionysos in Nietzsches Selbstdarstellung, so spricht er von seiner »Lust am Vernichten« (Ecce homo, KSA 6, 366) und widmet den siebten Abschnitt des Kapitels »Warum ich so weise bin« der Schilderung seiner offensiven, ja kriegerischen Natur:

»Ein ander Ding ist der Krieg. Ich bin meiner Art nach kriegerisch. Angreifen gehört zu meinen Instinkten. Feind sein können, Feind sein – das setzt vielleicht eine starke Natur voraus, jedenfalls ist es bedingt in jeder starken Natur. Sie braucht Widerstände, folglich sucht sie Widerstand: das aggressive Pathos gehört ebenso nothwendig zur Stärke als das Rach- und Nachgefühl zur Schwäche.« (Ecce homo, KSA 6, 274f.)

Das hier zuletzt angesprochene Thema der »Rach- und Nachgefühle«, das heißt des Ressentiments, leitet zu einem Bereich über, in dem sich auch Züge des »Gekreuzigten« wiederfinden lassen.

In *Der Antichrist* stellt Nietzsche als einen zentralen Charakterzug des »Gekreuzigten« gerade dessen Mangel an

»ressentiment« dar: kein Impuls, sich zu rächen, kein Nachtragen, Nachgefühl, wo etwa die Kraft zum Racheakt nicht ausreicht, Nietzsche diagnostiziert selbst im Sterben Jesu keine Spur davon:

»Offenbar hat die kleine Gemeinde gerade die Hauptsache nicht verstanden, das Vorbildliche in dieser Art zu sterben, die Freiheit, die Überlegenheit über jedes Gefühl von ressentiment: – ein Zeichen dafür, wie wenig überhaupt sie von ihm verstand!« (KSA 6, 213)

Vergeltung oder Rache »verbietet« sich auch für Nietzsche. Es klingen zwei verschiedene Motive dafür an. Stellenweise verbietet sich Vergeltung aus durchaus elitärer Gesinnung – »Gleichheit vor dem Feinde – erste Voraussetzung zu einem rechtschaffnen Duell. Wo man verachtet, kann man nicht Krieg führen; [...]« (Ecce homo, KSA 5, 274): Nietzsche spricht den in Frage kommenden Gegnern die Satisfaktionsfähigkeit ab:

»Gleich jedem, der nie unter seines Gleichen lebte und dem der Begriff ›Vergeltung‹ so unzugänglich ist wie etwa der Begriff ›gleiche Rechte‹, verbiete ich mir in Fällen, wo eine kleine oder sehr grosse Thorheit an mir begangen wird, jede Gegenmaassregel, jede Schutzmaassregel, – wie billig, auch jede Vertheidigung, jede ›Rechtfertigung‹.« (Ecce homo, KSA 6, 271)

Neben diese Haltung des Verzichts auf Vergeltung und Rachegefühle aus Überlegenheit stellt Nietzsche allerdings noch eine weitere Erwägung zu seiner »Freiheit vom Ressentiment«. Es ist die Perspektive der Verletzlichkeit und Krankheit, aus der er sich dabei in den Blick nimmt. Der Verzicht nicht nur auf Vergeltungsmaßnahmen, sondern selbst auf nachtragende Impulse stellt sich hier als heilsame Schonung dar, als Wahl des richtigen Heilmittels und damit als ungewöhnliche und seltene relative Gesundheit des Décadent. Was Nietzsche hier als »Freiheit vom Ressentiment« bezeichnet, stimmt überein mit der Haltung des »Gekreuzigten«, nicht »sich [zu] wehren, nicht zürnen, nicht verantwortlich-machen ... Sondern auch nicht dem Bösen widerstehen, – ihn lieben...«, die Nietzsche in *Der Antichrist* beschreibt:

»Die Freiheit vom Ressentiment, die Aufklärung über das Ressentiment – wer weiss, wie sehr ich zuletzt auch darin meiner langen Krankheit zu Dank verpflichtet bin! Das Problem ist nicht gerade einfach: man muss es aus der Kraft heraus und aus der Schwäche heraus erlebt haben. Wenn irgend Etwas überhaupt gegen Kranksein, gegen Schwachsein geltend gemacht werden muss, so ist es, dass in ihm der eigentliche Heilinstinkt, das ist der Wehr- und Waffen-Instinkt im Menschen mürbe wird. Man weiss von Nichts loszukommen, man weiss mit Nichts fertig zu werden, man weiss Nichts zurückzustossen, – Alles verletzt. Mensch und Ding kommen zudringlich nahe, die Erlebnisse treffen zu tief, die Erinnerung ist eine eiternde Wunde. Kranksein ist eine Art Ressentiment selbst. – Hiergegen hat der Kranke nur Ein grosses Heilmittel – ich nenne es den russischen Fatalismus, jenen Fatalismus ohne Revolte, mit dem sich ein russischer Soldat, dem der Feldzug zu hart wird, zuletzt in den Schnee legt. Nichts überhaupt mehr annehmen, an sich nehmen, in sich hineinnehmen, – überhaupt nicht mehr reagiren... Die grosse Vernunft dieses Fatalismus, der nicht immer nur der Muth zum Tode ist, als lebenerhaltend unter den lebensgefährlichsten Umständen, ist die Herabsetzung des Stoffwechsels, dessen Verlangsamung, eine Art Wille zum Winterschlaf. Ein paar Schritte weiter in dieser Logik, und man hat den Fakir, der wochenlang in einem Grabe schläft... Weil man zu schnell sich verbrauchen würde, wenn man überhaupt reagirte, reagirt man gar nicht mehr: dies ist die Logik. Und mit Nichts brennt man rascher ab, als mit den Ressentiments-Affekten. Der Ärger, die krankhafte Verletzlichkeit, die Ohnmacht zur Rache, die Lust, der Durst nach der Rache, das Giftmischen in jedem Sinne – das ist für Erschöpfte sicherlich die nachtheiligste Art zu reagiren: ein rapider Verbrauch von Nervenkraft, eine krankhafte Steigerung schädlicher Ausleerungen, zum Beispiel der Galle in den Magen, ist damit bedingt. Das Ressentiment ist das Verbotene an sich für den Kranken – sein Böses: leider auch sein natürlichster Hang. – Das begriff jener tiefe Physiolog Buddha. Seine ›Religion‹, die man besser als eine Hygiene bezeichnen dürfte, um sie nicht mit so erbarmungswürdigen Dingen wie das Christenthum ist, zu vermischen, machte ihre Wirkung abhängig von dem Sieg über das Ressentiment: die Seele davon frei machen – erster Schritt zur Genesung. ›Nicht durch Feindschaft kommt Feindschaft zu Ende, durch Freundschaft kommt Feindschaft zu Ende‹: das steht am Anfang der Lehre Buddha's – so redet nicht die Moral, so redet die Physiologie. – Das Ressentiment, aus der Schwäche geboren, Niemandem schädlicher als dem Schwachen selbst, – im andern Falle, wo eine reiche Natur die Voraussetzung ist, ein überflüssiges Gefühl, ein Gefühl, über das Herr zu bleiben beinahe der Beweis des Reichthums ist. Wer den Ernst kennt, mit dem meine Philosophie den Kampf mit den Rach- und Nachgefühlen bis in die Lehre vom ›freien Willen‹ hinein aufgenommen hat – der Kampf mit dem Christenthum ist nur ein Einzelfall daraus – wird verstehn, weshalb ich mein persönliches Verhalten, meine Instinkt-Sicherheit in der Praxis hier gerade an's Licht stelle. In den Zeiten der décadence verbot ich sie mir als schädlich; sobald das Leben wieder reich und stolz genug dazu war, verbot ich sie mir als unter mir. Jener ›russische Fatalismus‹, von dem ich sprach, trat darin bei mir hervor, dass ich beinahe unerträgliche Lagen, Orte, Wohnungen, Gesellschaften, nachdem sie einmal, durch Zufall, gegeben waren, Jahre lang zäh festhielt, – es war besser, als sie ändern, als sie veränderbar zu fühlen, – als sich gegen sie aufzulehnen ... Mich in diesem Fatalismus stören, mich gewaltsam aufwecken nahm ich damals tödtlich übel: – in Wahrheit war es auch jedes Mal tödtlich gefährlich. – Sich selbst wie ein Fatum nehmen, nicht sich ›anders‹ wollen – das ist in solchen Zuständen die grosse Vernunft selbst.« (Ecce homo, KSA 6, 272f.)

Neben der Freiheit vom Ressentiment findet sich noch eine weitere tiefe Parallele zwischen Nietzsches Selbstdarstellung und seiner »Psychologie« des »Gekreuzigten«. Bemerkenswerterweise schon in *Jenseits von Gut und Böse* schreibt Nietzsche Jesus zentral ein »Wissen um die Liebe« zu und verknüpft dessen Persönlichkeit so stark mit dem Verlangen nach Liebe, daß für das Motiv der Macht kein Platz mehr bleibt: Jesus verlangt nach »Nichts ausserdem«.

»Es ist möglich, dass unter der heiligen Fabel und Verkleidung von Jesu Leben einer der schmerzlichsten Fälle vom Martyrium des Wissens um die Liebe verborgen liegt: das Martyrium des unschuldigsten und begehrendsten Herzens, das an keiner Menschen-Liebe je genug hatte, das Liebe, Geliebt-werden und Nichts ausserdem verlangte, [...]« (KSA 5, 225)

In *Der Antichrist* vertieft Nietzsche diesen Aspekt der Liebe, die auf Macht vollständig verzichtet, indem er dem Typus Jesus den des Paulus als Verkehrung entgegenstellt, – »Sein Bedürfniss war die Macht« (KSA 6, 216).

In *Ecce homo* stellt nun Nietzsche für sein eigenes Leben retrospektiv einen vollständigen Mangel an Karrierewillen, an Machtbegehren allgemein fest. Der Zukunft gegenüber diagnostiziert er bei sich selbst »kein Verlangen« – diese Selbstcharakterisierung ist frappierend, wenn man bedenkt, daß Nietzsches philosophisches Denken während der achtziger Jahre zeitweilig um den »Willen zur Macht« als zentrale Dynamik des Daseins kreiste:

»Es fehlt in meiner Erinnerung, dass ich mich je bemüht hätte, – es ist kein Zug von Ringen in meinem Leben nachweisbar, ich bin der Gegensatz einer heroischen Natur. Etwas ›wollen‹, nach Etwas ›streben‹, einen ›Zweck‹, einen ›Wunsch‹ im Auge haben das kenne ich Alles nicht aus Erfahrung. Noch in diesem Augenblick sehe ich auf meine Zukunft – eine weite Zukunft! wie auf ein glattes Meer hinaus: kein Verlangen kräuselt sich auf ihm. Ich will nicht im Geringsten, dass Etwas anders wird als es ist; ich selber will nicht anders werden. Aber so habe ich immer gelebt. Ich habe keinen Wunsch gehabt. Jemand, der nach seinem vierundvierzigsten Jahre sagen kann, dass er sich nie um Ehren, um Weiber, um Geld bemüht hat! Nicht dass sie mir gefehlt hätten ... So war ich zum Beispiel eines Tags Universitätsprofessor, – ich hatte nie im Entferntesten an dergleichen gedacht, denn ich war kaum 24 Jahr alt. So war ich zwei Jahr früher eines Tags Philolog: in dem Sinne, dass meine erste philologische Arbeit, mein Anfang in jedem Sinne, von meinem Lehrer Ritschl für sein ›Rheinisches Museum‹ zum Druck verlangt wurde [...]« (Ecce homo, KSA 6, 295)

Statt »Willen zur Macht« biographische Hinweise darauf, daß Nietzsche sein Leben gelassen geschehen ließ: »Ich habe keinen Wunsch gehabt«. Dieses Geschehenlassen des Lebens steigert sich mehrfach in *Ecce homo* zum Motiv der Liebe des Schicksals, dem Amor fati. Diese Liebe zum Notwendigen oszilliert zwischen der dionysischen Daseinsbejahung und der machtlosen Liebe des »Gekreuzigten«. »Sondern auch nicht dem Bösen widerstehen, – ihn lieben...«: – fast identisch in der Nachstellung des »sondern es lieben« formuliert Nietzsche:

»Meine Formel für die Grösse am Menschen ist amor fati: dass man Nichts anders haben will, vorwärts nicht, rückwärts nicht, in alle Ewigkeit nicht. Das Nothwendige nicht bloss ertragen, noch weniger verhehlen – aller Idealismus ist Verlogenheit vor dem Nothwendigen –, sondern es lieben...« (Ecce homo, KSA 6, 297)

Gegensatz und Nuance

»Dionysos gegen den Gekreuzigten« – Nietzsche treibt mit dieser Formel die Pole von »décadent« und dessen »Gegensatz« noch weiter auseinander. Vor dem Hintergrund seiner wechselnden Identifikationen in *Ecce homo* wird deutlich, daß er sich selbst in der Spannung dieses Gegensatzes sieht. Nietzsches Gegensätze aber sind keine Trennungen. Über den »Anfang« seiner »Litteratur«, *Die Geburt der Tragödie aus dem Geiste der Musik*, schreibt er in *Ecce homo*:

»Alles an dieser Schrift ist vorherverkündend: die Nähe der Wiederkunft des griechischen Geistes, die Nothwendigkeit von Gegen-Alexandern, welche den gordischen Knoten der griechischen Cultur wieder binden, nachdem er gelöst war...« (Ecce homo, KSA 6, 314)

Der gordische Knoten der griechischen Kultur, den Nietzsche in der *Geburt der Tragödie* identifiziert, ist ein Gegensatz: der des Apollinischen gegen das Dionysische. Der gebundene Gegensatz erzeugt die Spannung einer ganzen Kultur.

Nicht – oder zumindest nicht nur – im Sinne einer Auseinandersetzung wird auch in der Formel des *Ecce homo* »Dionysos gegen den Gekreuzigten« ein Gegensatz aufgestellt. Nicht ausschließlich Nietzsches Gegnerschaft gegen das Christentum drückt sich in dieser Formel aus, sondern eben auch ein sowohl frucht- als auch furchtbarer Gegensatz im Sinne des gebundenen gordischen Knotens.

Nietzsche identifiziert sich aspektweise mit dem »Reichsten an Lebenfülle« und dem »interessantesten décadent«. Seiner Selbstauslegung nach erlaubt gerade die Spannung zwischen Krankheit und Gesundheit, Leidensfähigkeit und Euphorie, Schwermut und Bejahung den Perspektivenwechsel, die subtilen Feinheiten und krassen Gegensätze seiner unterschiedlichen Erlebnisse.

Diese Spannung, das »Glück meines Daseins«, das »in seinem Verhängnis« liegt, machen ihn zu einer Ausnahme. Die Einsamkeit, die er schon im Alter von 7 Jahren erfahren haben will, ist die Konsequenz dieses Ausnahmedaseins. Und als eine Ausnahme, welche von allgemeinen Begriffen immer verfehlt wird, befürchtet er, nicht verstanden zu werden.

»Wie man wird, was man ist«: Nach der Selbstauslegung Nietzsches in *Ecce homo* wurde er, was er ist, durch die Gegensätze seines Daseins. Es sind instabile Gleichgewichte zwischen diesen Gegensätzen, die sich in Nietzsches Leben und seinen Büchern immer neu einstellen, und am 4. Januar 1889 schließlich doch zusammenbrechen. Nietzsche findet in sich prekäre Feinabstimmungen zwischen »Gegensätze(n) von Vermögen, ohne dass diese sich stören, zerstören durften. Rangordnung der Vermögen; Distanz; die Kunst zu trennen, ohne zu verfeinden; Nichts vermischen, Nichts ›versöhnen‹; eine ungeheure Vielheit, die trotzdem das Gegenstück des Chaos ist« (Ecce homo, KSA 6, 294).

Feinabstimmungen innerhalb einer »ungeheuren Vielheit«, »Distanz«: Nietzsche, —— eine Feinheit, ein feiner Unterschied:

»— wehe mir! ich bin eine nuance —«
(Ecce homo, KSA 6, 362)

Literatur

Die wichtigsten Hilfsmittel zum Lesen des *Ecce homo* sind der »Kommentar« von Mazzino Montinari und sein Aufsatz zur Rekonstruktion des Textes in den Nietzsche Studien:

Mazzino Montinari: Kommentar zu »Ecce homo«. In: Friedrich Nietzsche, Sämtliche Werke, Kritische Studienausgabe (KSA), München, Berlin 1980, Bd. 14, S. 454–512.

Mazzino Montinari: Ein neuer Abschnitt in Nietzsches »Ecce homo«. In: Nietzsche-Studien. Internationales Jahrbuch für die Nietzsche-Forschung. Begr. v. Mazzino Montinari, Wolfgang Müller-Lauter, Heinz Wenzel. Hrsg. v. Ernst Behler, Eckhard Heftrich, Wolfgang Müller-Lauter, Berlin, New York: Bd. 1 (1972), S. 380–418.

Ergänzend dazu kann die »Chronik zu Nietzsches Leben« von Mazzino Montinari gelesen werden:

Kritische Studienausgabe (KSA), Bd. 15, S. 7–212.

Literatur zu *Ecce homo* findet man u. a. über folgende Bibliographien:

International Nietzsche Bibliography, compiled and edited by Herbert W. Reichert and Karl Schlechta, Chapel Hill 1960; revised and expanded 1968 (University of North Carolina Studies in Comparative Literature 45); Herbert W. Reichert, International Nietzsche Bibliography 1968 through 1971 und 1972–1973. In: Nietzsche-Studien Bd. 2, Berlin, New York 1973, S. 320ff. und Nietzsche-Studien Bd. 4, Berlin, New York 1975, S. 351ff.

Eine umfassende, online verfügbare Nietzsche-Bibliographie entsteht an der Herzogin Anna Amalia Bibliothek der Stiftung Weimarer Klassik, unterstützt durch die DFG.

Eine Übersicht über die deutschsprachige Nietzsche-Literatur von 1974 bis 1987 findet sich in:

Rüdiger Schmidt, »Ein Text ohne Ende für den Denkenden«. Studien zu Nietzsche, 2. Aufl., Frankfurt am Main 1989. (Athenäums Monographien Philosophie; Bd. 260), S. 275–319.

Eine einführende Bibliographie gibt:

Jörg Salaquarda, Bibliographie. In: Nietzsche, hrsg. v. Jörg Salaquarda, Darmstadt 1980 (Wissenschaftliche Buchgesellschaft; Wege der Forschung, Bd. 52), S. 351–361. (Kommentiert sind die Werk- und Briefausgaben Nietzsches sowie die Bibliographien und Biographien).

Ein wichtiges Hilfsmittel der Nietzsche-Forschung ist das Verzeichnis seiner Bibliothek:

Richard Oehler, Nietzsches Bibliothek, Weimar 1942 (14. Jahresgabe der Freunde des Nietzsche-Archivs).

Dieses Verzeichnis ist jetzt überprüft und wesentlich erweitert worden durch die »Italienische Forschungsgruppe Nietzsche« und wird von Giuliano Campioni, Paolo D'Orio u. a. auf CD-ROM herausgegeben werden.

Als Einführung in Nietzsches Philosophie:

Mazzino Montinari, Friedrich Nietzsche, Eine Einführung, Berlin, New York 1991.

Die umfangreichste Biographie Nietzsches ist:

Curt Paul Janz, Friedrich Nietzsche. Biographie in drei Bänden, München 1978–80.

Über den Stand der Nietzsche-Forschung berichten fortlaufend:

Nietzsche-Studien. Internationales Jahrbuch für die Nietzsche-Forschung. Begr. v. Mazzino Montinari, Wolfgang Müller-Lauter, Heinz Wenzel. Hrsg. v. Ernst Behler, Eckhard Heftrich, Wolfgang Müller-Lauter, Berlin, New York

und

Nietzsche-Forschung. Eine Jahresschrift. Hrsg. im Auftrag der Förder- und Forschungsgemeinschaft Friedrich Nietzsche e.V. von Ralf Eichberg, Hans-Martin Gerlach und Hermann Josef Schmidt, Berlin.

Zur Zitierweise

Die Schriften Friedrich Nietzsches werden grundsätzlich nach der *Kritischen Studienausgabe* (Friedrich Nietzsche, Sämtliche Werke. Kritische Studienausgabe in 15 Einzelbänden, hrsg. v. Giorgio Colli und Mazzino Montinari, Berlin, New York 1988 [Zuerst: München, Berlin, New York 1980]) zitiert. Im Text wird die Abkürzung KSA verwendet, es folgt jeweils die Angabe des Bandes und die Seitenzahl.

Alle Belege für Zitate aus *Ecce homo* werden gekennzeichnet durch die Voranstellung von ›Ecce homo‹. Der Text des *Ecce homo* findet sich in der KSA, Bd. 6, S. 255–374.

Zitate aus Nietzsches Nachlaß werden durch die Voranstellung des Kürzels ›NF‹ für ›Nachgelassene Fragmente‹ gekennzeichnet und nach KSA, Bde. 7–13 zitiert.

Die Briefe Friedrich Nietzsches werden nach der *Kritischen Studienausgabe* der Briefe zitiert (Friedrich Nietzsche, Sämtliche Briefe. Kritische Studienausgabe in 8 Bänden. Hrsg. v. Giorgio Colli und Mazzino Montinari. München, Berlin, New York 1986). Im Text wird die Abkürzung KSB, gefolgt von Bandnummer und Seitenangabe verwendet. Der Referenz ist der Name des Adressaten und das Briefdatum vorangestellt.

Zitate und Hinweise auf Texte aus den Nietzsche-Studien werden gekennzeichnet durch das Kürzel ›NSt‹, gefolgt von der Nummer des Bandes und der Seitenangabe.

Im Text werden ferner zitiert:

Mazzino Montinari, Friedrich Nietzsche. Eine Einführung, Berlin, New York 1991 [Zuerst: Che cosa ha ›veramente‹ detto Nietzsche, Roma 1975] unter der Abkürzung MM und gefolgt von der Angabe der Seitenzahl.

Mazzino Montinari: Ein neuer Abschnitt in Nietzsches »Ecce homo«. In: Nietzsche-Studien. Internationales Jahrbuch für die Nietzsche-Forschung. Begr. v. Mazzino Montinari, Wolfgang Müller-Lauter, Heinz Wenzel. Hrsg. v. Ernst Behler, Eckhard Heftrich, Wolfgang Müller-Lauter, Berlin, New York: Bd. 1 (1972): S. 380–418.

Als weiterführende Lektüre zur Interpretation spezieller Aspekte des *Ecce homo* werden die folgenden Aufsätze erwähnt:

Wolfram Groddeck, »Die Geburt der Tragödie« in »Ecce homo«. NSt 13 (1984): 324–331.
Martin Kronberger, Zur Genealogie des Ecce homo. NSt 27 (1998): 319–338.
Jörg Salaquarda, Noch einmal Ariadne – Die Rolle Cosima Wagners in Nietzsches literarischem Rollenspiel. NSt 25 (1996): 99–125.
Werner Stegmeier, Nietzsches Kritik der Vernunft seines Lebens. NSt 21 (1992): 161–183.

Alle Hervorhebungen in den Textstellen stammen von den zitierten Autoren.